• 鄭駜謨教授指導 博士學位 論文 12 •

老人의 憂鬱症 解消를 위한 讀書療法硏究

· 鄭駬謨敎授指導 博士學位 論文 12 ·

老人의 憂鬱症 解消를 위한 讀書療法硏究

유 혜 숙 著

 한국학술정보㈜

목   차

緒 論 ……………………………………………………………… 7

I. 讀書療法의 理論的 背景 ……………………………………… 11
  A. 독서요법의 起源과 發展 ………………………………… 11
  B. 讀書療法의 原理 및 意義 ………………………………… 14
  C. 讀書療法의 類型 …………………………………………… 23
  D. 讀書療法의 方法 …………………………………………… 30
  E. 先行研究 …………………………………………………… 34

II. 讀書療法 理論의 應用分野 ………………………………… 37
  A. 情神醫學 分野 ……………………………………………… 37
  B. 心理學 分野 ………………………………………………… 40
  C. 教育學 分野 ………………………………………………… 42
  D. 文獻情報學 分野 …………………………………………… 45

III. 老人의 憂鬱症 解消를 위한 讀書療法 ………………… 49
  A. 老人問題 및 老人心理 …………………………………… 49
  B. 憂鬱症의 症狀 ……………………………………………… 51
  C. 憂鬱症의 測定道具 ………………………………………… 54

D. 讀書療法을 통한 憂鬱症 解消 …………………………………… 57

Ⅳ. 實驗 方法 ……………………………………………………………… 61
　A. 研究問題 및 假設 ………………………………………………… 61
　B. 實驗對象者 ………………………………………………………… 63
　C. 實驗設計 …………………………………………………………… 65
　D. 實驗節次 …………………………………………………………… 67

Ⅴ. 데이터 分析 및 結果 ……………………………………………… 73
　A. 데이터 分析 ……………………………………………………… 73
　B. 結果 ………………………………………………………………… 95

結　論 ……………………………………………………………………… 103
參考文獻 …………………………………………………………………… 107
ABSTRACT ………………………………………………………………… 113
附　錄 ……………………………………………………………………… 115

緒　論

研究의　必要性　및　目的

讀書療法(Bibliotherapy)이란 책을 이용하여 인간의 정신적, 정서적 갈등을 해소시키는 심리적 치료요법이다. 이러한 치료요법은 고대로부터 그 근원을 찾아 볼 수 있다. 고대 테베의 도서관에는 '영혼의 治癒所(The Healing Place of the Soul)'라는 현판이 있었으며, 알렉산드리아 도서관에서는 '정신의 良藥(Medicine for the Mind)'이라는 상징적 표어를 사용하기도 하였다. 이와 같은 개념을 가진 독서요법이 병원에서 입원환자의 치료요법으로 적용되기 시작한 것은 1930년 이후부터이다.[1]

인간은 독서를 통하여 영혼이 감동되기도 하고, 즐거움을 느끼게 되고 생각과 태도에 변화가 일어나기도 한다. 독서는 독자로 하여금 책 속의 인물에 대한 親近感과 同質感을 갖게 하며, 책 속의 상황과 현실의 문제가 유사하게 전개되는 것을 관찰할 수 있게 되기 때문이다.

이와 같이 독서요법은 독자의 인격과 책 사이의 力動的 相互作用을 통해 인격적 문제를 해결하고, 삶에 필요한 지혜를 개발하며, 건전한 자아상을 확립시킬 수 있게 하는 것이다. 이러한 측면에서 볼 때 독서요법은 우울증의 치료적 차원에서 뿐만 아니라, 예방적 차원에서도 적용될 수 있는 가능성을 보여 준다.

---

1) R. M. Tews. *Progress in Bibliotherapy Advanced in Librarianship*. ed. by Melvin J. Voight. New York: Seminar Press, 1970. p. 173.

이러한 독서요법은 精神醫學 분야와 文獻情報學 분야에서 뿐만 아니라, 心理學 분야에서도 상담과 생활지도면에서 정서불안자에 대한 보조적인 치유방법으로 활용되고 있으며, 敎育學 분야에서는 건전한 인격발달과 문제청소년의 지도 및 상담을 위한 교육 보조프로그램으로 사용되고 있다. 또한 현재독서요법은 여러 학문분야에서 각기 다른 환경과 접근방법으로 과학적인 연구가 이루어지고 있어서 학제간적 성격이 높은 연구분야라고 할 수 있다.

독서요법에 있어서 치유 효과에 영향을 주는 가장 핵심적인 부분은 적합한 讀書資料의 選擇이라고 할 수 있다. 오늘날까지 독서요법은 여러 분야에서 다각적인 연구가 진행되어 왔지만, 실제 讀書療法을 실행하는데 있어서 가장 중핵부분이 되는 讀書資料의 선택과정은 전문사서에 의해 이루어지지 않고 있다는 데 문제가 있다. 한편, 전문사서가 독서요법을 실행하는 과정에 있어서도 치유대상자의 문제점에 대한 정확한 파악, 목표의 설정, 적절한 독서자료의 선택과 시행 등을 체계적으로 수행함으로써 독서요법의 효과를 증대시킬 수 있다. 특히 독서요법은 老人心理에 내재되어 있는 정신적 갈등과 우울정서를 표출시키고 해소시킴으로써 노후생활을 보다 건강하게 생활할 수 있도록 하는 효과적인 접근방법이라 할 수 있다. 그러나 우리나라에서는 노인을 대상으로 한 독서요법의 선행연구나 사례는 찾아 볼 수 없다.

이상과 같은 관점에서 본 연구의 目的은 우리나라 인구의 고령화 추세에 따라 사회문제로 대두되고 있는 노인층을 대상으로 그들의 우울증을 해소하는 데 있어서 讀書療法의 效果를 입증하는 데 있다.

이상과 같은 연구의 목적을 달성하기 위해 다음과 같은 假設을 설정하고 이를 檢證하고자 한다.

첫째, 우리나라 老人들의 정신적 갈등 및 우울증의 해소에 독서요법이 효과가 있을 것이다.

둘째, 독서요법 시행과정에서 전문사서가 적극적으로 개입하는 상호 협력적 독서요법의 효과가 연구대상자의 자율성에 의존하는 독자적 독서요법에 의한 효과보다 높을 것이다.

셋째, 韓國 老人들의 의식 속에 고유하게 내재되어 있는 恨의 情緒가 독서요법을 통해 해소될 수 있을 것이다.

研究方法

본 연구에서는 老人들의 우울증 해소를 위한 독서요법의 시행효과를 검증하기 위하여 다음과 같은 방법으로 연구를 수행하고자 한다.

첫째, 독서요법의 歷史的 背景과 理論的 背景을 관련문헌을 통해 체계적으로 밝힌다.

둘째, 연구 및 실험결과의 분석방법에 대한 이론적 근거를 제시하고, 연구문제에 다양한 假設을 설정하기 위하여 다른 학문분야에서의 독서요법에 대한 선행연구문헌을 조사한다.

셋째, 연구문제에 대한 假設을 검증하기 위하여 實驗對象者는 65세 이상의 노인들로서 검사척도표를 통해 경미한 우울증을 스스로 느끼고 있는 분들을 선정한다.

넷째, 讀書資料는 실험대상자들이 인식하고 있는 문제점 및 주제분야를 조사하여 해당주제 영역 내에서 소설, 비소설류를 포함하는 다양한 장르별로 대상자들에게 긍정적이며 희망적인 감명을 줄 수 있다고 판단되는 도서를 선택한다.

다섯째, 實驗環境은 상호 협력적 독서요법을 실시하는 集團과 독자적 독서요법을 실시하는 集團으로 구분하며, 실험의 결과를 분석하기 위해 두 집단사이에 2개월의 실험시행 간격을 두고 실시한다.

여섯째, 實驗期間은 상호 협력적 독서요법을 실시하는 집단은 1차 실시기간 2개월과, 연속시행기간으로 2차 실시기간 2개월로, 전체 4개월 동안 진행하며, 독자적 독서요법을 실시하는 집단은 2개월간의 실험을 시행한다.

　일곱째, 情緒的 葛藤 및 憂鬱症의 변화를 측정하기 위한 척도표로서 자기평가형 척도표(BDI, DAS)와 연구자 관찰형 척도표(HRSD)를 사용한다.

　마지막으로, 이상과 같은 實驗設計方法에 따라 독서요법 시행이 완료되면, 백분율, T-검증 및 이원분산분석 등의 통계처리에 의해 결과를 분석하고 假設의 眞僞를 검증함으로써, 讀書療法의 效果程度를 입증한다.

I. 讀書療法의 理論的 背景

A. 독서요법의 起源과 發展

책을 통한 치료요법은 古代로부터 그 起源을 찾아볼 수 있다. BC 1000 년경 고대 그리스의 도시 테베에 있었던 도서관 현판위에서 '영혼의 치유장소(The Healing Place of the Soul)'라는 현판이 발견되었으며,[1] BC 300 년경 알렉산드리아의 도서관에는 '정신의 良藥(Medicine for the Mind)', 중세 스위스의 Saint Gall의 묘역도서관에는 '영혼의 補藥庫 (Medicine Chest for the Soul)이라고 씌어진 비문이 발견되었다. 또한 아리스토텔레스는 그 자신과 제자들의 感性的 치유를 위해 독서를 권장하였고, 로마의 웅변가인 Aulus Cornelius Celsus는 환자들의 판단력 증진을 위한 방법으로서 독서를 권유하였다. 또 다른 증거의 하나로 Socrates는 '다른 사람의 책을 읽는데 시간을 보내라. 다른 사람이 苦行했던 것에 의해 용이하게 자기를 개선할 수 있다'라고 말했다.[2] 동양에서는 중국의 학자 Lin Yutang(林語堂)은 '우량도서를 읽는 것은 인생과 자신에 대한 이해를 갖게 한다'[3]고 하였다.

1) R. M. Tews. Progress in Bibliotherapy. *Advanced in Librarianship*. Melvil J. Voight ed. New York, Seminar Press, 1970. p. 173.
2) Ibid. p. 173.
3) Claudia E. Cornett. *Bibliotherapy: The Right Book at the Right Time*. Bloomington, IN., Phi Delta Kappa Educational Foundation, 1980. pp. 11~12.

이러한 발견은 人間의 欲求를 충족시키는 데 사용된 독서요법의 초기인식에 대한 역사적 실례가 된다.

위에서 언급한 바와 같이 圖書를 임상치료에 이용했던 역사는 고대 그리스에서 시작되었다고 추정할 수 있다. 옛날에는 圖書라고 하면 주로 Bible 이였으므로 고대 도서관장서는 聖經이나 도덕서적 중심이었다. 고대아라비아의 아파츠왕조시대 제2대 Calif Almansur에 의하여 건립된 카이로병원에서 內外科 환자에게 이슬람교의 經典 코란(Koran 또는 Coran)을 주야로 읽게 하여 병을 치료했다4)는 기록이 있다. 또한 1-2세기경 아프리카의 싯카의 아우레리아우스(C. Aureliaus)는 정신장해자의 치료에 도서를 이용한 것으로 전해지고 있으며, 또 Robert Barton은 그의 책 'Anatomy Melancholy'에서 문제를 가진 마음을 치료하는데 宗敎의 經典을 사용하였다5)고 한다.

그 후 17세기에는 의사이자 풍자작가인 Francis Rebeliais가 환자에게 약과 더불어 문학서 1권을 함께 처방해 주었다는 얘기도 전해진다.6) 이렇게 18세기 말엽에 이르기까지 독서요법은 정신적 갈등을 치료하는 방법으로서 프랑스, 영국, 이태리에 보급되었으며, 그 결과 1900년에 이르러는 유럽의 거의 모든 정신병원에 도서실이 설치되었다.7) 그 당시 美國의 醫學者들도 독서요법에 관한 인식이 높아져 많은 정신병원에서는 지적, 정신적 치료의 보조요법으로서의 역할을 담당하는 圖書館들이 설립되었다. 1904년에는 매사추세츠 웨벌리(Waverly)에 있는 맥리안병원(Mclean Hospital) 도서관에서 독서요법가로 임명된 한 사서가 독서 자료에 의한 환자치료에 성공을 거둠으로써 그 효과가 인정되어 讀書療法이 심리요법의 한 방법으로서 받아 들여졌으며, 그 결과로 독서요법은 최초로 文獻情報學의 한 분

---

4) 內山喜久雄(外). 心理療法の技術と實體. 東京, 日本文化科學社, 1976. p. 200.
5) 大神貞男. 讀書療法-その基礎と實際. 東京, 文敎書院, 1974. p. 14.
6) Ibib. p. 15.
7) Claudia E. Cornett. Ibid. p. 12.

야로서 인정되어 수용되었다.8)

1937년에는 情神醫學者인 Karl Menninger와 William C. Menninger 가 5년간에 걸친 알코올 중독환자를 대상으로 한 實驗硏究의 결과로서 독서요법이 臨床治療에 효과가 있다는 것을 입증하였다.9) 그 후 1953년 일본의 문헌정보학 영역에서 Bibliotherapy가 독서요법으로 번역되어 출판되기 시작하였으며 阪本一良, 大神貞男 등에 의하여 하나의 학(學)으로 체계가 정립되었다.10)

이러한 독서요법은 비단 정신의학 분야에서만이 아니라 1950년대부터는 문제아와 비행청소년의 치료, 죄수들의 그룹치료의 방법으로도 적용되기 시작하였다.11) 1964년에는 美國圖書館協會(American Library Association)가 3일간에 걸친 독서요법 워크숍(Bibliotherapy Workshop)을 개최하였으며, 몇 년 후에 도서관학교내에 교과과정이 설정되었고, 현재에 이르기까지 이 분야에 관한 여러 학술회의, 논문 및 연구가 진행되고 있다.12) 우리나라에서는 손정표교수가 "독서요법은 앞으로 도서관학 분야에 가장 큰 개발분야의 하나로 주목되어야 할 과제"라고 하고 있다.13)

그 외 心理學分野에서도 독서요법은 상담과 생활지도면에서 보조적인 접근방법으로 인식되어 활용하고 있으며, 教育學分野에서는 問題兒童이나 非行靑少年의 지도 및 상담을 위한 교육보조프로그램으로 사용되어, 독서요법은 현대에 이르러 여러 학문활동의 영역에서

---

8) R. M. Tews. *Progress in Bibliotherapy Aduanced in Libraianship*. ed. by Melvin J. Voight. New York, Seminar Press, 1970. p. 173.

9) William K. Beatty. A Historical Review of Bibliotherapy. *Library Trends*. Vol.11, No.2, 1962. p. 108.

10) 內山喜久雄(外). 心理療法の技術と實體. 東京, 日本文化科學社, 1976. p. 202.

11) R. M. Tews. op. cit.,, p. 173.

12) Moore, Thomas V. *The Nature and Treatment of Mental Disorders*. 2nd ed. New York, Grune Floch. 1926.; W. Maurice. Correctional Treatment and the Library. Wilson *Library Bulletin*. Vol.26, 1952. p. 454.

13) 손정표. 독서지도방법론. 서울: 학문사, 1996. p. 278.

폭넓게 활용되고 있다.

B. 讀書療法의 原理 및 意義

讀書療法은 책을 이용하여 사람을 돕는다는 단순한 개념이다. "讀書療法은 讀書相談, 讀書心理, 讀書敎育, 讀書指導, 圖書館治療法, 과외그룹치료, 文獻治療 등의 여러 명칭으로 불리워 왔다."14) 현대에 이르기까지 독서요법에 관해 다양한 定義들이 도입되어 왔다. 그 이유는 "독서요법은 그 응용분야 및 적용범위가 넓기 때문에 한 가지의 定義로 규정하기가 어렵기 때문이다."15) 독서요법(bibliotherapy)이란 그 語源이 그리스어 biblion(book=도서)과 therapia(treatment of disease=치료)에서 복합된 단어로서, 1941년에 발간된 *Dorland's Illustrated Medical Dictionary*에는 "독서요법은 신경정신병의 치료를 위해 도서를 선정하고 그 도서를 읽는 행위이다"16)라고 정의하고 있다. *Webster's New International Dictionary* 제3판에는 "독서요법은 의학과 심리학분야에서 치료적 매체로서 선정된 도서를 이용하여 독서를 통해 인간적 문제해결에 도움을 주거나, 태도나 성격을 건전하게 이끌어 주는 것"17)이라고 기록하고 있다.

그 외에 몇 가지 文獻에 기록된 定義를 살펴보면, Bryan은 독서요

---

14) R. Rubin. *Using Bibliotherapy: A Guide to Theory and Practice*. Phoenix, AR., Oryx Press, 1978. p. 6.
15) R. D. Allen. *An Analysis of the Impact of Two Forms of Short Term Assertive Training on Aggressive Behavior* Doctoral Dissertation. Southern Illinois University. Ann Arbor, Michigan, University Microfilms, 1978. p. 5.
16) *Dorland's Illustrated Medical Dictionary*. 1941.
17) *The Webster's Third New International Dictionary*, 1961.

법의 정의를 "처방된 독서자료에 의하여 정신건강관리 및 신경증의 치료를 돕는 보조요법이라고 하였으며,"[18] Russell과 Shrodes는 "독자의 人格과 圖書와의 상호작용, 즉 독자의 인격형성, 사회적응, 성장에 활용되는 力動的 相互作用의 과정이라고 하였다."[19]

Tews는 "독서요법이란 치료자가 선정된 독서자료에 의하여 환자의 정서적인 문제를 치료하는 것이며, 독서치료 실시 때에는 전문적인 지식과 훈련을 쌓은 사서의 협조를 얻어 기술적으로 讀書資料가 처방되어야 한다고 하였다."[20] Lundsteen은 "적시에 적합한 책을 적합한 사람에게 읽혀 問題를 解決하도록 돕는 것"[21]이라고 하였으며, Nickerson은 "독서요법은 독서를 통하여 자신과 타인의 감성과 행동을 이해할 수 있게 하고 태도를 변화 발달시키며, 문제해결과 의사결정을 효과적으로 돕는다"[22]고 하였다. Shepherd와 Iles는 "독서요법은 교사나 사서들이 학생들로 하여금 독서자료의 내용에서 개인적 문제를 해결하고, 삶에 필요한 지혜를 개발하며, 건전한 자아상을 확립하도록 독서를 통해 유익함을 주는 행위"[23]라고 하였다.

이상에서 기술하고 있는 定義들은 두 가지 次元에서 고려될 수 있다. 먼저 정서발달과 정신문제의 豫防的 次元으로서, 독서요법은 독서를 통해 건전한 자아상과 가치관을 정립할 수 있도록 하며, 자신의 정신적, 사회적 문제를 파악하고 보다 현실적인 사고력을 개발시켜 건

---

18) A I. Bryan. Can There a Science of Bibliotherapy? *Library. Journal*, 64, 1939. p. 773.
19) D. H. Russell & C. Shrodes. Contributions of Research in Bibliotherapy to the Language Arts Program. *School Review*. 58, 1950. p. 335.
20) R. M. Tews. Introduction to Special Issue on Bibliotherapy. *Library Trends*, Vol.11, 1962. p. 98.
21) Sara Lunsteen. A Thinking Improvement Program through Literature. *Elementary English*. 1972. p. 505.
22) E. T. Nickerson. A Therapeutic Medium for Helping Children Psychotherapy: Theory, Research and Practice. 12, 1975, p. 258.
23) T. Shephard & L. Iles. What is Bibliotherapy? *Language Arts*, 53, 1976. pp. 569~571.

설적인 문제해결의 방법을 찾는 행위이다. 다음으로 治療的 次元으로
서, 독서요법은 정신적 문제 혹은 신경증적 질환을 가지고 있는 환자
의 치료를 목적으로 환자에게 약을 처방하듯 지정된 도서를 처방함으
로써 환자의 감정과 행동을 변화시켜 치료를 돕는 보조요법이다. 이
와 같이 독서요법은 정신적 질병의 치료뿐만 아니라 건전한 人格形成
과 價値觀 確立에도 효과가 큰 心理療法의 하나라고 할 수 있다.

이러한 독서요법은 독자가 작품 속에서 자기 자신의 모습이나 자
기와 매우 닮은 人間象을 발견할 때 경험하는 '自己認知의 쇼크(the
shock of self-recoginition)'에 의해 시작된다. 文學作品과 讀者와의
有機的인 相互作用에는 다음과 같은 원리가 작용한다.24)

첫째: 讀者의 악순환을 타파하는 장면이 주어지고, 讀者의 의식을 확
대하여 이해를 풍부하게 하는 새로운 關係體制가 만들어지도록 하고,

둘째: 讀者의 경험이 확충되는 정도와 관계체제 중에서 생기는 정
서적 태도의 강도에 따르는 것으로서, 作品 속의 등장인물에 대한
同一化(投影과 攝取), 感情淨化, 洞察의 3가지 기본적인 원리과정을
거치면서 치료가 이루어진다. 3가지 기본적인 원리과정을 설명하면
다음과 같다.

1) 同一化(identification) 原理

동일화는 자아의 자각과정으로 보는 자아인 主我와 보이는 자아인
客我로 나누어 자아상을 가질 수 있다. 이 자아상은 客我를 타인의
인간상에 겹쳐서 맞추는 것에 따라 얻어질 수 있다. 독서요법에 있
어서 이 자아의 자각과정은 문학작품 속의 등장인물에 감정의 전이
가 이루어질 때 효과적으로 성취된다.25)

---

24) 황백현. 독서심리학개론. 서울, 국민독서운동회, 1988. pp. 158~160.
25) 손정표. 독서지도방법론. 서울, 학문사, 1996. pp. 278~279.

본래, 인간은 자기의 欲求, 目的, 防禦나 價值에 부응하여 행동한다. 독서도 예외일 수 없다. 독자는 자아의 욕구에 만족하는 생각을 攝取하고 자아를 위협하는 생각을 거부한다. 작품 속의 등장인물에 감명을 받는다든지, 타인과 다른 견해로 환원하는 데 따라, 등장인물과 동일한 감정을 증대시키면서 自我意識을 높여간다. 그리하여 자기의 한계와 능력을 고양시키거나 태도를 향상시킬 수 있다. 또한 自我가 수용하기 어려운 일로부터 억제되어 있었던 感情은 작품 속의 등장인물에 투영(projection)함에 따라 무의식적으로 억압되었던 감정을 해방시킴으로써 치유가 가능한 것이다.26)

여기서 投影이란 자기의 감정, 사상, 성격, 태도를 다른 사람 가운데서 찾아내는 것을 말하며 攝取란 그 반대로 타인의 감정, 사고, 성격, 행동, 태도를 자기 가운데서 찾아내는 것을 말한다.

동일화의 원리를 한마디로 요약하면 독서내용의 주인공의 성격, 행동, 태도를 理想象으로 하여 그것을 자기의 內面에 攝取하여 같은 감정을 증대시키는 요법이다.

2) 카타르시스(catharsis)의 原理

카타르시스란 感情淨化라고도 한다. 독서요법에서 카타르시스란 환자가 경험하고 있는 것과 같은 불안, 공포, 문제점이 문학작품 속의 등장인물이 가지고 있는 경우, 등장인물의 동기, 정서에 자신의 그것을 대리시킨다든지, 자신을 등장인물로 바꾸어 본다든지, 또는 그 행동을 대리적으로 만족하는 것에 의하여 환자가 가지고 있는 문제점을 해결해 나가는 요법이다. 이들 중에는 사회적으로 받아들여지기 힘든 것을 文學作品 속에서 상징적으로 발견하여 만족할 수도 있다.27)

---

26) 阪本一郎 編著. 現代の讀書心理學. 東京, 金子書房, 1976. p. 271.

카타르시스의 원리를 한마디로 요약하면 환자가 읽는 책의 作中人物의 感情, 思考, 性格, 態度에 대한 느낌을 문장으로나 언어로 표현시키는 소위 느낌을 고백하게 하는 요법이다. 이러한 作中人物에 대한 感想의 告白은 사실대상자 자신의 내면적인 정서나 사고, 성격, 태도의 투영, 즉 간접적인 고백이기 때문에 다른 심리요법에서 흔히 볼 수 있는 抵抗도 받지 않는다. 이뿐만 아니라 글이나 말에 의하여 감상을 표현해 나가는 동안 의식적인 억제나 억압이 점차 약해져 감에 따라 作中人物에 대한 感想이라고 하는 간접적인 표현이 現實 生活 중의 人物에 대한 感想이라고 하는 직접적인 표현형태로 바뀌어 나가게 된다.

3) 洞察(insight)의 原理

통찰이란 독자가 작품을 읽음으로써 自己自身이나 自己問題에 대하여 올바른 客觀的인 認識을 체득하는 것으로, 카타르시스 다음에 나타나는 過程을 말하는 것이다. 독서요법에서 통찰의 원리란 환자에게 독서요법으로 치료를 계속하는 과정을 통하여 등장인물의 행동을 스스로 깨닫게 함으로써 자기자신의 動機造成이나 慾求를 달성할 수 있는 카타르시스를 동반한 感情的 洞察力을 갖게 하는 것이다.28)

한편 독자는 동일화에 있어서 自己認識을 할 때 통찰을 얻을 수도 있다. 즉, 타인의 인격에 대한 통찰을 통해 自己認識을 하게 되는 경우이다. 또한 작품속 등장인물의 행동에서 自己認知가 행하여져 자신의 행동의 동기나 욕구를 달성하기 위한 전망을 얻을 수도 있다. 이 경우 適應異常의 독자 혹은 환자는 과거의 불건전한 원인을 제거하기 위하여 새로운 경험을 주어 종래의 악순환을 타파하면서

---

27) 內山喜久雄(外). 心理療法の技術と實體. 東京, 日本文化科學社, 1976. p. 202.
28) 內山喜久雄(外). op. cit., p. 203.

건전한 적응을 촉진할 수 있다.

또 독자자신이 문제해결을 충분히 달성할 수 없는 경우 자신의 문제와 같은 문제를 해결하고 있는 등장인물에 동일화하여 등장인물이 해결한 적응방법과 같은 방법을 통해 문제를 해결할 수 있다.

이러한 원리를 가지고 독서요법은 1900년대의 초기단계에서는 情神疾患者의 치료를 위한 보조적 요법으로서 사용되었다. 그 당시 독서요법의 대상은 심각한 정신장애나 신경질적 증세를 제외한 회복 가능한 환자중심으로 제한되었고, 그 기대효과는 환자에 따라 개별적으로 설정된 치료목표에 도달하는 것이었다. 그러나, 19세기 후반부터 독서요법은 治療的 次元뿐 아니라 豫防的 次元으로도 활용되어, 洞察力, 自我理解 및 自我實現, 問題 解決, 社會適應能力 등을 돕는 정신적 문제해결의 접근방법으로서, 그 대상은 정신질환자를 비롯하여 問題兒, 非行靑少年, 비교적 경미한 우울증을 겪고 있는 成人, 老人 등 모든 연령의 사람들에게 적용범위가 넓어졌으며,29) 건강한 사람들의 인격성장과 발달에도 효과가 있는 것으로 나타났다.30)

먼저, 독서요법의 정신적 질환의 治療的 次元에서의 價値를 살펴보면, 情神醫學者인 L. K. Gottschalk는 다음과 같이 6가지로 설명한다.31)

① 欲求不滿이나 矛盾에 대한 자기자신의 心理的, 生理的 反應을 이해하도록 돕는다.

② 治療에 필요한 心理學 및 精神醫學分野의 用語를 이해하도록 돕는다.

29) R. S. Lenkowsky. Bibliotherapy: A Review and Analysis of the Literature. *The Journal of Special Education*. Vol.21, 1987. pp. 123~132.

30) R. L. Barker. *The Social Work Dictionary*. Silver Springs, MD, NASW, 1987. p. 15.

31) L. A. Gottschalk. Bibliotherapy as an Adjuvant in Psychiatry. *American Jounrnal of Psychiatry*. Vol.104, 1948. pp. 632~637.

③ 공포, 수치, 죄악감 등 때문에 항상 자유로이 대화하지 못하는 환자에게 他人의 말을 통하여 自信의 問題를 표현하도록 돕는다.

④ 面接시에 建設的으로 思考한다든지 患者의 態度나 行動樣式을 더욱 깊게 分析한다든지 綜合하도록 돕는다.

⑤ 敎訓이나 實例에 따라서 우리의 社會的, 文化的 行動樣式을 알리고 어린아이와 같은 行動樣式을 억제시킨다.

⑥ 여러 가지 滿足이나 興味의 範圍를 풍부하게 하는 想像力을 촉진시킨다.

또한 Robet가 편집한 醫學事典에서도 精神的 疾患의 治療的 次元에서의 價値를 다음과 같이 규정하고 있다.

① 患者로 하여금 책과의 力動的인 關係에서 성격에 대한 통찰을 얻게 한다.

② 治療者와 患者간의 意思傳達을 촉진시킨다.

③ 患者의 道德性을 강화시킨다.

④ 性格 또는 職業 및 새로운 對象에 대한 적절한 情報를 얻게 한다.

⑤ 小說 속의 환상적인 세계와 접하게 되므로 긴장을 해소시킨다.

⑥ 精神健康의 기본적인 원리를 주입시켜 준다.

고 하였다.[32]

한편 독서요법의 豫防的 次元으로서의 價値를 살펴보면, 人文 社會 科學분야의 Barth & Burggraf,[33] Griffin,[34] Pardeck & Pardeck,[35] Zaccaria & Moses,[36] 등은 다음과 같이 제시한다.

---

32) M. G. Robet. *Psychiatric Dictionary*. New York, Longman Inc., 1980. p. 97.

33) L. Banruth & M. Burggraf. The Counselor and Single Parent Families. *Elementary School Guidance and Counseling*. Vol.19, 1984. p. 32.

34) B. Griffin. *Special Needs Bibliotherapy: Current Books for/about Children and Young Adults*. New York, Griffin, 1984. p. 26~35.

35) John T. Pardeck & Jean A. Pardeck. A. Bibliotherapy: *A Guide to Using Books in Clinical Practice*. San Francisco, EMText. 1992. p. 8.

36) J. S. Zaccaria & H. A. Moses. *Facilitating Human Development through*

① 自我象의 형성을 돕는다.
② 인간행동에 대한 理解와 動機를 유발시킨다.
③ 진정한 自己評價能力을 개발시킨다.
④ 자기자신외의 일에 관심과 흥미를 유발시킨다.
⑤ 情緒的, 精神的 壓迫感을 완화시킨다.
⑥ 類似한 問題를 가지고 있는 타인에 대해 同僚意識을 개발시킨다.
⑦ 다양한 解決方法의 가능성을 제시한다.
⑧ 자유로운 討論을 위한 열린 마음을 유도한다.
⑨ 問題解決을 위해 보다 建設的이며 積極的인 行動計劃을 수립한다.

또한, 이상에서 기술한 讀書療法의 價値 및 效果들은 感性的 側面과 認知的 側面의 두 가지 관점에서 다음과 같이 보다 구체적으로 구분하여 정리할 수 있다.37)

먼저 태도, 가치관, 정서면을 포함하는 感性的 側面에서 살펴보면 다음과 같다.

① 同情心을 유발시킨다.
② 積極的인 態度를 기른다.
③ 人格的이며 社會的 適應能力을 키운다.
④ 肯定的 自我象을 확립시킨다.
⑤ 情緒的 壓迫感을 해소한다.
⑥ 새로운 흥미와 관심을 유발한다.
⑦ 다른 사람에 관한 收容能力, 寬容, 尊敬心 기른다.
⑧ 他我象에 있어서 肯定的인 理解力을 배양시킨다.
⑨ 社會的으로 수용되는 자세를 명확히 구별한다.

Reading: The Use of Bibliotherapy in Teaching and Counseling. Champaign, Il., Stipes, 1968. p. 39~40.

37) Claudia E. Cornett & Charles F. Cornett. Bibliotherapy: *The Right Book at the Right Time.* Bloomington, Ill.: Phi Delta Kappa Educational Foundation, 1980. pp. 15~16.

⑩ 性格發達을 가져오는 道德性을 검증한다.

다음으로 知的, 論理的 思考의 변화를 포함하는 認知的 側面에서 살펴보면 다음과 같다.

① 사실분석, 결론유추, 의사결정, 문제해결 등과 같은 分析的 思考力을 증진시킨다.
② 問題 觀察 및 結果 豫測을 통해 문제의 보편타당성을 인식한다.
③ 代理 經驗을 제공한다.
④ 인간행동과 동기에 관한 洞察力을 제시한다.
⑤ 自己評價能力을 개발시킨다.
⑥ 높은 수준의 論理力에 대한 도전의 기회를 제공한다.
⑦ 一連의 行動計劃을 수립할 수 있게 한다.
⑧ 여러 대체방안을 모색하고, 해결방안을 선택할 수 있는 능력을 향상시킨다.

이상을 종합하여 요약해 보면, 讀書療法은 讀者 혹은 患者들에게 感性的, 認知的 變化를 誘發시켜 필요한 욕구를 전체적 혹은 부분적으로 充足시키고, 삶을 지혜롭게 살아가도록 건전한 自我象과 사회에 대한 긍정적 適應力을 키워주며, 問題解決의 다양한 국면을 제시하는 知的, 感性的 效果를 기대할 수 있게 한다. 다시 말해, 독서요법은 治療的 環境에서 精神疾患者의 치료를 돕는 보조요법으로서만이 아니라 豫防的 環境에서 건전한 인격형성과 사회적응력을 키워주는 폭넓은 효과를 기대할 수 있는 것이다.

C. 讀書療法의 類型

讀書療法을 실시하는 방법은 여러 학자들에 의해 몇 가지 類型으로 제시되고 있다. 먼저, 독서요법의 대상규모를 기준으로 하여, 개인을 대상으로 치료자와 대상자와의 일대 일의 人間關係에 기초를 두고 실시하는 個人 讀書療法(personal bibliotherapy)과 集團을 대상으로 하여 그 역학에 기초를 두고 실시하는 集團 讀書療法(group bibliotherapy)이 있다.38) 다음으로는 치료자와 대상자와의 역학관계를 기준으로 相互協力的 讀書療法(interactive bibliotherapy), 獨自的 讀書療法(reading bibliotherapy), 自己治療的 讀書療法(self help bibliotherapy)으로 구분할 수 있다.

먼저 대상자의 규모를 기준으로 한 個人 讀書療法과 集團 讀書療法을 살펴보면 다음과 같다.

1) 個人 讀書療法

대상자가 책과의 대화를 통해 自己治療를 돕는 방법이다. 여기에는 治療者와 對象者와의 면접 혹은 독서기록의 교환, 때로는 兩者를 병용하여 실시한다. 이 방법은 治療者와 對象者와의 대화가 치료에 주요한 영향을 미친다. 個人 讀書療法의 방법은 다음과 같은 것들이 있다.

(1) 個人面接

이 방법은 책을 읽은 후의 느낌을 중심으로 이야기하면서 치료대상자의 自己認知를 촉진하여, 問題解決을 보조해 주는 것을 말한다. 이

---

38) 황백현. 독서심리학개론. 서울: 국민독서운동회, 1988. pp. 167~168.

방법은 치료자와 대상자사이의 밀접한 親和感이 조성되어야 한다.

(2) 讀書記錄

讀書記錄은 治療者와 對象者와의 대화를 독서노트나 편지를 통해 나누는 행하는 문서 교환방법으로, 주로 원거리에 있는 대상자나 면접시간이 충분하지 않을 때 적용하는 방법이다. 이 방법은 대개의 경우 내성적인 성격으로 인해 말로 표현함이 자유롭지 못한 대상자에게 사용하게 되는데 대상자의 내면을 체계화하여 사고를 정리시켜 주는 효과가 있다. 그러나 한편으로는 독서기록이 形式的이거나 마음에 없는 作文이 될 경우에는 치료효과가 충분히 달성되지 못한다.

2) 集團 讀書療法

집단요법은 치료를 목적으로 하는 집단을 구성하고 그 집단을 대상으로 도서를 선택하여 읽도록 하는 방법이다. 여기에는 集團構成員을 치료하는 방법과 구성원을 집단활동에 참가시켜서 문제해결에 도달하게 하는 방법이 있다. 집단 독서요법에는 다음과 같은 방법이 있다.

(1) 讀書會

讀書會의 방법은 일반적인 삶의 환경에서, 혹은 교육적인 환경 하에서 독서요법을 행하는 것으로, 이 방법은 集團構成員들 사이의 有機的인 關係를 조성시킴으로써 독서를 통한 치료를 가능하게 하는 것으로, 集團力學의 효과에 중점을 두고 있다. 즉 集團構造가 유기적으로 구성되어 集團構成員 상호간에 친화감이 형성되고 서로가 잘 융화되어 있어야 한다는 것을 조건으로 하고 있다. 集團의 구성은 대개의 경우 小集團이 더욱 효과적인 것으로 나타나 있다. 또한 치료가 필요한 대상자들로 만으로 集團이 구성될 수도 있고, 정상적인 사람을 集團構成員에 포함시키는 경우도 있다. 이 방법은 사회성이 결여된 사람에게는 적용이 곤란하지만, 치료의 목표가 사회적 적응인 경우에는 효과가 높다.

(2) 팀 독서요법

讀書療法은 治療者의 專門的 知識과 經驗에 의해 실시되는 것이다. 또한, 讀書療法은 치료자가 전문가로서 讀書指導와 精神療法 등의 전문적 지식, 기술을 겸비하고 교사, 부모, 의사, 혹은 상담자 등과 함께 참여할 때 보다 효과적인 성과를 얻을 수 있다. 이러한 이유에서 관련된 사람들의 협력에 의해 각자의 전문적인 영역에 따라 치료의 역할을 분담하여 독서요법을 실시할 수 있도록 적절한 팀의 구성하는 것이 바람직하다.

이러한 集團 治療方法의 효과는 현재에 이르기까지 교육환경과 치료환경에서 많은 실험과 연구를 통해 입증되어 왔다. 치료대상자는 집단치료 팀과의 대화와 교제를 통해 사회성을 육성시키고, 자기표현력과 대화기술을 익히며, 所屬感과 同質感속에서 서로의 의견이나 문제해결을 위한 방법들을 교환하여, 그로 인한 洞察力의 향상을 가져와 문제해결에 효과적으로 도달할 수 있게 되는 것이다.39) 집단치료를 실시하는 데 있어서 팀장과 사서 및 교사의 역할은 다음과 같다.

가. 팀 리더의 책임

팀 리더는 독서요법을 위한 전반적인 계획의 책임자로서 相談心理學者, 精神科 醫師, 敎師, 司書 등의 전문가의 협조아래 치료계획의

---

39) D. M. Adams and M. A. Rotondi. Collaborative Learning: Gifted Students in the Regular Classroom. *Reading Horizons.* Vol.29, 1990. pp. 45~50.

조건이나 절차를 결정하고 추진한다. 특히 도서의 선택, 치료대상자
의 독서경향, 치료과정 등을 관찰하고 분석하여 교사나 부모들에게
적절한 정보를 제공한다.

　나. 司書의 책임
　司書는 讀書指導와 圖書選擇의 전문가로서 실제로 독서요법에 참
가하게 된다. 또 정신과의사나 상담심리학자의 助言아래 치료자로서
참가하는 것도 바람직하다. 司書는 독서요법에 대한 전반적인 이해
와 지식, 대상자의 특정한 요구에 부합하는 도서의 선택, 치료대상자
에게 독서요법의 필요성을 인식시킬 수 있는 基本的인 指針 등을 익
혀야 한다.
　Marcinko는 司書의 책임을 다음과 같이 제시하고 있다.[40]

　　① 集團構成員들과의 대화와 교제를 통해 문제를 파악한다.
　　② 集團의 興味를 유발시킬 수 있는 主題들을 파악한다.
　　③ 集團의 要求에 부합하고 흥미를 제공할 수 있는 도서를 선택하여
　　　 圖書目錄을 작성한다.
　　④ 選定된 文獻에 대한 이해를 조성한다.
　　⑤ 選定된 讀書資料의 必讀을 권유한다.
　　⑥ 讀書療法 處置前과 處置間에 사고변화를 주시하여 讀書資料를 필요
　　　 에 맞춰 조정한다.
　　⑦ 圖書資料뿐만 아니라 적절한 非圖書資料의 활용도 고려한다.

　다. 敎師의 책임
　교사는 학교 내에서 問題兒의 豫防, 早期發見 및 豫後를 위한 독
서지도를 행할 수 있는 위치에 있다고 볼 수 있다. 敎師는 독서요법
의 대상이 되는 집단을 구성하고 독서요법을 실시함에 있어서 다음

---

40) Stephanie Marcinko. Bibliotherapy: Practical Applications with Disabled
　　Individuals. *Current Studies in Librarianship.* Vol.13, No.182, 1989. p. 4.

의 몇 가지 기술과 역할이 요구된다.41)

① 먼저 集團構成員 사이의 유대감 및 동료의식을 조성시킨다.
② 독서요법 실시 기간동안 集團構成員들 상호간의 友好的인 관계를 유지시킨다.
③ 選定된 資料를 읽는 동안 構成員들이 圖書의 內容과 敎訓을 인식하고 깊이 이해할 수 있도록 돕는다.
④ 構成員들 사이에 발생할 수 있는 의견의 대립, 認知過程에서의 갈등, 상호 간의 대화방법들이 효과적일 수 있도록 지도한다.

다음으로 독서요법을 治療者와 對象者 간의 力動的 關係를 기준으로 나누어 보면, 相互協力的 讀書療法, 獨自的 讀書療法 및 自己治療的 讀書療法으로 구분할 수 있다.42)

1) 相互協力的 讀書療法

상호 협력적 독서요법은 치료자와 대상자가 독서기간 동안 밀접한 相互作用에 의해 치료에 도달하는 방법이다.43) 이러한 방법은 讀書資料, 對象者, 治療者의 주요한 3요소가 적극적으로 치료에 임하게 된다. 대상자와 치료자사이의 긴밀한 대화 및 토론이 力動的인 關係를 형성하여 치료의 효과를 증대시키는 것이다. 대화는 지속적으로 신중히 이루어져야 하며, 대화의 내용에는 책의 주제에 대한 개념의 인식, 충분한 理解 및 洞察力있는 사고를 위한 체계적인 배려가 포

---

41) J. T. Pardeck & J. A. Pardeck. Bibliotherapy: *A Guide to Using Books in Clinical Practice*. San Francisco, EMText, 1992. pp.66~68.
42) A. M. Hynes & M. Hynes Berry. Bibliotherapy: *The Interactive Process*. Boulder, Westview Press, 1986.
43) Stephanie Marcinko Bibliotherapy: Practical Applications with Disabled Individuals. *Current Studies in Librarianship*. Vol.13, No.182, p. 4.

함되어야 한다. 또한 價値觀을 형성하고 행동의 변화를 가져와 일상
생활에 반영되는가의 여부에 관심을 기울여야 한다. 치료자는 독서
요법의 실시기간동안 정기적으로 또는 필요에 따라 수시로 대상자와
의 깊이 있는 대화를 유지하기 위해 상담기법 및 대화기술의 개발이
요구되며, 무엇보다도 대상자에 대한 자상한 관심과 애정이 우선되
어야 한다.

2) 獨自的 讀書療法

  獨自的 讀書療法은 치료자의 助言을 참고하여 대상자 자신이 圖書
를 選擇하고 치료를 위해 스스로 책을 읽고 감상하여 치료에 도달하
는 방법이다.44) 이러한 방법은 讀書資料와 對象者와의 독립적인 만
남을 통해 同一化, 카타르시스 및 洞察이 개인적으로 이루어지는 것
이다. 이 경우에 치료자는 대상자가 適時에 適合한 圖書를 選擇할
수 있도록 도움을 줄 수 있지만, 대상자와 해당도서에 관한 대화나
토론은 하지 않게 된다.45)

  獨自的 讀書療法은 相互協力的 讀書療法에 비하여 讀書資料에 대
한 비중이 상대적으로 증가되기 때문에 讀書資料의 선정 시 신중한
고려가 요구된다. 讀書資料는 小說, 非小說, 詩 등으로 대별할 수 있
는데, 대상자의 특수한 상황 및 요구에 부합하는 지침서, 안내서 등
의 비소설류를 학자들은 self-help book 이라고 부른다.46) 예를 들
면, 알코올 중독이나 마약중독의 치료를 위한 지침서, 비만환자들을

---

44) A. M. Hynes & M. Hynes Berry. Bibliotherapy: *The Interactive Process.*
    Boulder, Westview Press, 1986. p. 9.
45) Ibid. p. 10.
46) L. J. Cohen. Reading as a Group Process Phenomenon: A Theoretical
    Framework for Bibliotherapy. *Journal of Poetry Therapy.* Vol.3, 1989.
    p. 74.

위한 體重減量의 방법을 다룬 도서, 이혼 및 결손가정의 자녀들을
위한 도서 등의 특정한 목적과 대상을 위하여 저작된 도서들이 이에
속한다. 이러한 self-help book을 읽는 동안 독자는 치료자와 거의
접촉 없이 스스로의 문제점을 파악하고 해결해 나가는 방법을 터득
해 치료에 도달하게 되는데 이러한 독서요법을 自己治療的 讀書療法
이라고 부른다.47)

3) 自己治療的 讀書療法

自己治療的 讀書療法은 獨自的 讀書療法의 한 형태로서, 認知學習
理論에 바탕을 두고, 1960년 후부터 그 必要性이 인식되어 발전되어
온 분야이다. 自己治療的 讀書療法은 치료자와의 접촉 없이 혹은 최
소한의 접촉 하에서 스스로 교훈적이며 지도적인 접근방법으로 自我
實現, 自己敎育 및 自立的 技術을 터득해 나가는 自己治療方法이
다.48) 自己治療的 讀書療法은 독자가 접근하기 용이하다는 점과 비
용절감의 효과를 가지고 있어 환자를 위한 治療的 環境에서뿐만 아
니라, 敎育的, 豫防的 環境에서도 폭넓게 사용되고 있다.49) 또한 이
방법은 認知發達 및 行動發達의 증진을 가져올 수 있다는 점에서도
그 중요성이 인정되어, 文獻情報學 및 心理學分野에서 여러 학자들
에 의해 연구가 활발히 진행되고 있다.

---

47) Idid. p. 10.
48) R. S. Lenkowsky. Bibliotherapy: A Review and Analysis of the Literature.
The Journal of Special Education. Vol.21, 1987. p. 124.
49) G. M. Rosen. Self Help Treatment Books and the Commercialization of
Psychotherapy. *American Psychologist*. Vol. 42, 1987. pp. 46~47.

D. 讀書療法의 方法

讀書療法은 健全한 自我象 및 價値觀의 確立과 손상된 자아정체성과 情神疾患의 회복이라는 목적을 가지고 豫防的 次元과 治療的 次元에서 발전되어 왔다. 즉, 독서요법은 敎育的, 社會的, 臨床的 環境에서 광범위하게 실시되고 있다. 그러므로 독서요법을 실시하는 절차는 그 목적과 환경에 따라 대상자의 범위, 치료자의 전문분야 및 기법에 있어 실제적인 차이를 갖게 된다. 독서요법의 환경을 敎育的, 社會的 環境과 臨床的 環境의 두 가지로 구분하여 설명하면 다음의 <표 1>과 같다.50)

<표 1>에서 보는 바와 같이 讀書療法은 실시하는 環境에 따라 차이를 가지고 있으나, 그 실시과정에 있어서의 기본적인 骨格은 동일하다. 讀書療法의 段階的 進行方法은 다음과 같다.

<표 1> 讀書療法의 環境別 特性

구분 특성	교육, 사회적 한경	임상적 환경
대상자	성인, 학생을 포함하는 일반인	정서적, 행동적 문제를 가지고 있는 환자
규모	집단: 자발적 참여	개인 또는 집단: 자발적 또는 비자발적 참여
치료자	사서, 교사 등	의사, 상담, 심리학자, 사서
환경	지역사회	병원, 기관, 개인장소
목표	발달예방적 차원으로서 건전한 인격발달 및 자아실현	치료적 차원으로서 질병의 치료 및 행동의 변화

---

50) Rhea J. Rubin. Uses of Bibliotherapy in Response to the 1970s. *Library Trends*. Vol.28, No.2, p. 242.

第1段階: 資料의 收集

독서요법의 실행준비의 단계로서 대상자의 인성과 행동에 관한 폭넓은 정보를 수집한다. 이 시점에서 치료자는 대상자의 부모, 교사, 사서 등으로부터 필요한 정보를 수집하거나, 대상자의 일기 혹은 작품 등도 대상자의 사고형태, 사고과정 및 문제점을 파악하는데 유익한 자료가 된다.51) 즉, 대상자의 탄생배경, 성격, 가정환경, 흥미, 학력, 독서능력, 행동발달 상황 등에 관한 면밀한 관찰 및 조사가 필요하다.

第2段階: 對象者의 特定要求와 問題點의 確認

수집된 데이터를 중심으로 대상자의 요구나 문제점을 파악하고, 발견된 문제점의 원인에 대하여 표면적인 것만이 아니라 대상자의 內的 原因에 대한 도 충분히 검토되어야 한다.52) 臨床的 環境에서 대상자의 정신적 갈등을 해결하기 위한 독서요법 시에는 관찰뿐만 아니라, 심리테스트 및 성격테스트를 위한 신뢰도와 타당도가 검증된 몇 가지 주요 검사표(예를 들면, Rorschach Test, TAT, BDI, MMPI 등)53)를 활용하는 것도 대상자의 문제점을 정확하게 분석하고, 치료해야 할 문제점을 과학적으로 파악하는데 유용하다.

第3段階: 實行計劃의 樹立

대상자의 요구나 문제점이 정확히 파악되면, 구체적인 실행방침과 목표, 세부적인 방법 및 계획 등을 수립한다. 이 과정에서는 독서요법의 실시기간, 실시환경 및 장소, 個人 讀書療法으로 행할 것인가

---

51) Claudia E. Cornett & Charles F. Cornett. Bibliotherapy: *The Right Book at the Right Time*. Bloomington, Phi Delta Kappa Education Foundation, 1980. p. 20.

52) 손정표. 독서지도방법론. 서울, 학문사, 1996. p. 282.

53) Rorshach Test 와 TAT(Thematic Apperception Test)는 투영법(project test)에 의한 사물인식 검사척도이며, BDI(Beck Depression Inventory)는 자기보고형 우울증검사척도이며, MMPI(Minnesota Multiphasic Personality Inventory)는 다국면적 임상척도이다.

혹은 集團 讀書療法으로 행할 것인가의 여부, 相互協力的 讀書療法으로 할 것인가 혹은 獨自的 讀書療法이나 自己治療的 讀書療法으로 행할 것인가의 여부, 臨床的 環境에서 치료를 목표로 하는 경우에는 治療目標를 어디까지로 설정해야 할 것인가의 결정, 다른 요법의 병행이 필요한가의 여부 등이 신중히 고려되어야 할 요소들이다.

第4段階: 讀書資料의 選擇

適合한 讀書資料의 선택은 讀書療法에 있어서 中核的인 과정이다. 대상자와 독서자료와의 力動的 相互作用의 결과로서 치료효과가 나타나기 때문에 適合한 사람에게, 適時에, 適合한 책을 읽도록 하는 것은 독서요법의 기본 원리가 되고 있다.[54] Rubin은 敎育, 社會的 環境에서 讀書資料의 選擇時에 고려되어야 할 사항들을 다음과 같이 제시하고 있다.[55]

① 治療者가 접해 본 圖書에 한정할 것
② 圖書의 內容이 대상자의 문제와 동일하지는 않더라도 적용 가능한 主題나 素材일 것
③ 圖書의 內容이 자살, 절망 등의 否定的인 影響을 주지 않을 것
④ 대상자의 身體的 年齡, 精神的, 情緒的 年齡, 讀書能力, 기호에 부합될 것
⑤ 讀書資料와 함께 그 효과를 더욱 증대시킬 수 있는 시청각자료 등의 사용도 고려할 것

또한, 阪本一郞은 臨床 治療的 環境에서 도서선택 시 고려되어야할 사항을 다음과 같이 제시하고 있다

.

---

54) 황백현. 독서심리학개론. 서울, 국민독서운동회, 1988. p. 161.
55) Rhea J. Rubin. *Using Bibliotherapy: A Guide to Theory and Practice*, Phoenix, AZ., Oryx Press, 1978. p. 25.

① 問題解決에 필요한 情報를 주는 圖書일 것
② 정확한 價値判斷의 基準을 제시하는 圖書일 것
③ 간접적인 방법으로 抑壓된 要求를 충족시킬 수 있는 圖書일 것
④ 거북한 感情을 극복할 수 있도록 바람직한 감정자극을 주는 圖書일 것56)

第5段階: 實行

4段階에 이르기까지 細部的인 治療方法과 讀書資料가 선택되면, 곧 실행 단계로 들어간다. 실행에 있어서 우선적으로 고려되어야 할 점은 대상자와 치료자와의 人間關係의 形成이다. 치료자와 대상자 간의 人間關係의 形成은 서로가 信賴感을 갖고 정서적으로 깊은 紐帶感을 유지하여 대상자의 정신적 갈등이나 내면적인 심층적 심리에 대한 直觀 및 洞察이 이루어지도록 해야 한다. 다음으로 고려되어야 할 점은 대상자가 자발적으로 독서할 수 있는 動機誘發과 讀書意慾의 증진이다.57) 대상자가 독서자료나 치료자에게 저항감을 갖지 않도록 따듯하고 편안한 분위기를 조성해야 하며, 치료자는 대상자의 의식변화와 행동변화를 지속적으로 관찰하여 필요에 따라 독서계획을 변경하거나 수정해 나가면서, 실행과정이 종결될 때까지 유연성과 인내심을 가지고 임해야 할 것이다.

第6段階: 治療效果의 確認

讀書療法의 實行은 계획단계에서 종료까지를 일목요연하게 목표를 세워 진행해 나아가야 한다. 실행과정중 수시로 그 효과를 계속 관찰, 확인하면서 필요에 따라서는 치료계획을 수정 보완해 가면서 진행한다. 치료효과의 확인은 관찰, 척도검사표, 독서기록 등의 평가 등에 의해서 적절하고 세심하게 평가한다. 또한 카운슬러, 의사, 교사, 부모 등의 협력을 얻어 종합적으로 확인하고 평가하는 것도 바람직하다.

---

56) 阪本一郎 編著. 現代の讀書心理學. 東京, 金子書房, 1976. pp. 271~273.
57) 大神貞男. 讀書療法－その基礎と實際. 東京, 文教書阮, 1974. p. 57.

E. 先行研究

독서요법을 老人들에게 실시한 국외의 선행연구는 F. Scogin의 연구
가 있다. 認知理論에 기반을 두고 60세 이상의 29명 老人들의 우울증
을 개선하기 위한 목적으로 自己治療的 讀書療法을 실시하였다. 讀書
資料로서는 'Feeling Good'58)과 'Man's Search for Meaning'59)를 사
용하였으며 전화 통화를 통해 진행상황과 성과를 점검하였다. 실험결
과는 우울증의 해소에 효과가 있는 것으로 나타났으며, 부수적인 효과
로서 노인들의 기억력 향상과 자기신뢰감의 증진에 도움이 된다는 것
으로 보고하고 있다.60) 독서요법에 대한 국내의 선행연구는 윤달원이
교정시설의 비행청소년을 대상으로 한 실험연구에서 자아개념의 향상
에 효과가 있는 것으로 보고하고 있으며,61) 변우열이 소년원에 보호중
인 非行靑少年을 대상으로 하여 독서요법을 시행한 연구논문이 있
다.62) 국내에서 老人들을 대상으로 한 연구는 발견되지 않고 있다.

한편, 相互協力的 讀書療法의 효과를 검증한 선행연구로는, Hanningan
과 Henderson이 마약중독의 경험이 있는 30명의 남성을 대상으로 4집
단으로 나누어 소리내어 책을 읽히는 방법으로 類似實驗研究를 수행하
였는데, 통계적인 결과는 보고 되지 않았으며, 인터뷰의 내용에서 유익
한 경험이었다는 기록이 남아 있다.63) 그리고, Alexander 와 Buggie는

---

58) D. Burns. *Feeling Good* New York, Guilford, 1980.

59) V. Frankl. *Man's Search for Meaning.* New York, Pocket Books, 1959.

60) F. Scogin, D. Hamblin, L. Beutler. Bibliotherapy for Depressed Older
Adults: A Self Help Alternative. *The Gerontologist.* Vol.27, 1987. pp.
383~387.

61) 윤달원. 비행청소년의 자아개념 육성을 위한 독서요법의 효과. 성신여자대
학교대학원. 박사학위논문, 1990.

62) 변우열. 비행청소년 선도를 위한 독서요법: 소년원을 중심으로. 고성수정년
퇴임기념논문집. 대구: 동논문집발간위원회, 1990. pp. 57~86.

63) M. C. Hanningan & W. T. Henderson. Narcotic Addicts Take Up Reading.
Bookmark. Vol. 22, 1963. pp. 281~286.

8명의 정신분열증 환자의 치료에 의사의 약물치료 하에 補助的 治療로서 상호 협력적 독서요법을 실시하였다. 실험결과는 現實感의 증진과 自我概念의 再確立에 탁월한 효과를 보였으나, 약물치료와의 병행으로 독서요법의 효과에 대한 정확한 검증결과가 제시되지 않아 그 신뢰도와 타당도는 통계적으로 나타나지 않고 있다.64) Morris-Vann은 26명의 초등학교 4학년과 5학년 학생들을 상호 협력적 독서요법집단, 독자적 독서요법집단, 상담요법집단, 통제집단의 4집단으로 나누어 각각의 효과를 검증하였는데, 연구결과 California Test of Personality의 점수에서 독자적 독서요법(t=3.46, p<0.01)과 상호 협력적 독서요법(t= 8.18, p<0.01)의 有意한 差異를 제시하고 있다.65)

이상과 같이 국내에서 讀書療法의 效果를 연구한 실험대상은 주로 청소년들이었으며 老人을 대상으로 하여 讀書療法의 效果를 검증한 實驗硏究는 현재에 이르기까지 발견되지 않고 있다. 또한 讀書療法의 시행과정에 연구자가 적극적으로 개입하는 相互協力的 讀書療法과 대상자의 자율성에 의존하는 獨自的 讀書療法의 效果를 비교한 선행연구나 사례도 발견되지 않고 있다. 그러므로 본 연구에서는 老人의 情緖的 葛藤 및 憂鬱症 解消를 위한 목적으로 讀書療法을 시행하며, 老人들과 친밀한 유대감을 형성하여 상담과 대화를 통해 讀書療法을 效果를 얼마큼 증대시킬 수 있는 가를 검증하기 위해 相互協力的 讀書療法의 效果와 獨自的 讀書療法의 效果를 比較實驗한다.

---

64) Alexander, R. H. and Buggie, S. E. Bibliotherapy with Chronic Schizophrenics: The Therapeutic Function of the Psychiatric Librarian in a State Mental Hospital. *Journal of Rehabilitation* Vol.33, 1967. pp. 26~42.

65) A. M. Morris Vann. The Efficacy of Bibliotherapy on the Mental Health of Elementary Students Who Have Experienced a Loss Precipitated by Parental Unemployment, Divorce, Marital Seperation or Death. *Uniuersity Microfilms International,* 44, 676A. University Microfilms No.83~15616.

II. 讀書療法 理論의 應用分野

A. 情神醫學 分野

제2장에서 살펴본 바와 같이 讀書療法은 18세기 말엽부터 圖書館司書와 상호협력관계 아래에서 精神醫學者들에 의해 환자의 정신적 갈등을 치료하는 방법으로서 프랑스, 영국, 이태리에 파급되어,[1] 1900년에 이르러는 유럽의 거의 모든 정신병원에 圖書室이 설치되었다. 같은 시기에 美國의 醫學者들도 독서요법에 관한 인식이 높아져 많은 정신병원에서는 지적, 정신적 치료의 보조요법으로서 독서요법을 적용하기 시작하였으며, 1937년에는 정신의학자인 Karl Menninger와 William C. Menninger가 알코올 중독환자를 대상으로 한 5년 간에 걸친 실험연구의 결과로서 독서요법이 臨床治療에 효과가 있다[2]는 것을 입증한 이래로 지속적으로 여러 정신의학자들에 의해 實驗과 硏究가 이루어지고 있다.

讀書療法이 정신적인 환자나 내담자의 治療 및 相談을 위한 효과적인 방법으로 인정되고 있는 근거로는 독자(환자 및 내담자)와 엄선된 독서자료와의 상호작용 과정에서 情神分析(psychoanalysis), 人間中心相談(person-centered approach) 및 認知理論(cognitive theory)등이

---

1) Claudia E. Cornett. *Bibliotherapy: The Right Book at the Right Time.* Bloomington, IN., Phi Delta Kappa Educational Foundation, 1980. pp. 11~12.
2) Ibid. p. 13.

중심개념이 되고 있다3)고 보는 것이다.

Freud의 情神分析學 理論에 따르면 個人의 慾求가 挫折되었을 때 他人의 行動, 특히 자기보다 우월하거나 존경하는 사람 또는 매력적인 사람과 같은 행동을 하여 自我를 보호하려는 경향이 있다는 것이다. 따라서 독서는 독서자료와 力動的인 相互作用으로 작품 속의 주인공 즉, 등장인물과 스스로를 동일시함으로써 自我의 思考와 行動을 반영시켜 볼 수 있다. 또한 인간은 생활 가운데서 불쾌하고 고통스러운 경험의 감정들이 자신도 모르게 無意識속에 억압되며 억압된 감정은 살아가는 동안 우울, 불안, 분노, 공격성 등의 왜곡된 성품으로 내재된다.4) 이러한 억압된 감정은 건강한 정신과 생활을 위해 외부로 排出되어야 하며, 독서요법은 이러한 배출을 정화작용 즉 카타르시스과정을 통해 가능케 한다. 讀者와 讀書資料와의 相互作用 과정에서 독자는 책내용의 주인공이나 등장인물 등과의 동일시를 통하여 주인공이나, 등장인물의 성공, 성취 또는 회복 등의 정서적인 문제를 해결하는 장면에서 독자도 동일한 심리적 작용을 할 수 있다고 본다. 人間은 愛情의 欲求, 性的 欲求 또한 社會的 欲求나 衝動이 제지되었을 때, 그 에너지를 가치 있고, 사회가 용인하는 일에 몰두하여 자아를 보호하려는 防禦基劑가 작동한다. 독자와 독서자료와의 상호작용 과정에서 독자가 문학작품 내용에 몰입한다던가 또는 작품 속의 등장인물들의 同一視를 통하여 그들의 행동과 마찬가지로 학문이나 예술, 운동, 사회사업 등에 열중하게 할 수 있는 昇華作用이 가능하게 된다는 것이다.5) 즉, 讀書療法은 통찰과정을 통해 독자가

---

3) A. T. Beck. *Cognitiue Therapy and the Emotional Disorders*. NEW York, International Universities hess, 1976.

4) A. T. Beck. Ibid. pp. 103~120.

5) T. V. Moor. *The Nature and Treatment of Mental Disorders Bibliotherapy*, 2nd ed. New York, Grune, 1976, pp. 217~232.
   J. Stephens. *An Inuestigation into the Effectiueness of Bibliotherapy on the Reader's Self-reliance*. Doctoral Disseration, University of Oklahoma, Ann Ardor, Mich., University Microfilms, 1974.

왜곡된 자아를 건강하게 昇華시켜 現實世界의 바람직한 自我象을 再確立시킬 수 있게 한다.

　精神醫學 분야에서의 독서요법에 대한 주요 선행연구로서 Hanningan과 Henderson은 30명의 남성 마약중독자를 대상으로 독서요법의 효과를 검증한바 있으며,6) Black과 Threlfall은 8명의 남성과 18명의 여성 비만환자들을 대상으로 2년에 걸친 장기적인 독서요법과정을 통한 體重減量의 효과를 입증하였다.7) Londen, Barentsen, Van Son, Mulder는 12살 이하의 夜尿症을 앓고 있는 어린이들을 대상으로 2년 6개월의 장기간에 걸친 독서요법을 실시하여 90%의 치료효과를 입증하였다.8) 그외 Myers, Weissman, Meschler, Holzor, Leaf, Orvaschel, Anthorny 등의 여러 학자들이 일반적인 정신병리에 관한 실험연구를 수행하였으며, 실험결과는 대부분 효과가 있는 것으로 입증되었다.9)

　이상에서 기술한 精神醫學 분야의 이론과 선행연구들은 心理學 분야의 이론과 有機的으로 聯關되며, 精神醫學과 心理治療의 임상부분에서 서로 연계되어 그 적용과 실험이 이루어지는 경우가 많다.

T. Zentner. *The Effects of Bibliotherapy and Level of Reading Ability on Self Concept.* Doctoral Dissertation, University of Montana. Ann Arbor, Mich., University Microfilms. 1974.

6) M. C. Hanningan & W. T. Henderson. Narcotic Addicts Take Up Reading. *Bookmark.* Vol.22, 1963. pp. 281~286.

7) D. R. Black & W. E. Threlfall. A Stepped Approach to Weight Control. *Behavior Therapy.* Vol.17, 1986. pp. 144~157.

8) A. V. Londen, & W. M. Monique, V. L. Barentsen, et al. Relapse Rate Subsequent Parental Reaction After Successful Treatment of Children Suffering From Nocturnal Enuresis. *Behavior Research Therapy.* Vol.33, 1995. pp. 309~311.

9) M. M. Weissman. Psychotherapy with Depressed Outpatients: Patient and Process Variables as Predictors of Outcome. *British Journal of Psychiatry.* Vol.138, 1981. pp. 67~74.

B. 心理學 分野

心理學 분야에서 人間中心의 相談을 주장하는 Rogers는 상담자와
내담자의 상담과정에서 작용하는 중심적인 개념으로 허심탄회한 분
위기와 내담자의 통찰을 들고 있다. 상담자는 내담자가 자신의 문제
에 대한 감정을 자유롭게 표현할 수 있도록 격려하여, 내담자가 표
현하는 긍정적인 감정은 물론 부정적인 감정과 사고까지도 수용하고
인정하는 과정에서 내담자는 자신의 부정적인 면과 긍정적인 면이
똑 같이 人格의 일부로 수용될 수 있다는 것을 발견하게 됨으로써,
현재의 자신과 문제에 대한 洞察과 理解가 생기게 된다. 독자(환자
및 내담자)와 독서자료와의 관계는 누구도 지시하거나 관여하지 않
는 자유로운 분위기가 형성될 수 있으므로 독자는 否定的인 自我概
念이든 肯定的인 自我概念이든 어느 한 쪽으로 반응할 수 있으며,
또한 독자와 독서자료와의 상호작용 과정에서 독자가 책의 주인공이
나 등장인물 혹은 책 내용의 자극이나 상황에서 독자자신과 문제 및
원인을 표현하는 기능을 갖고 있으므로 결국 통찰이 일어나 내담자
나 환자의 문제해결이 가능하게 되는 것이다.10)

認知理論에서도 마찬가지로 인간의 인지과정은 個體와 環境과의
상호작용에 의해 일어나는 행동의 體制化 혹은 組織化를 포함하며,
이러한 體制化를 통해 인간의 사고와 태도가 再樹立된다고 한다.11)
따라서 認知治療는 인간의 認知狀態와 認知過程을 교정하여 현재 가
지고 있거나 앞으로 예상되는 혼란 및 장애를 극복하는 것을 목적으
로 하며, 특히, 자아와 세상과 미래에 대한 否定的 思考와 逆機能的

---

10) J. S. Zaccaria & M A. Moses. *Facilitating Human Development through Reading* Champaign, Ill., Stipes, 1968. p. 16.
11) A. T. Beck. *Cognitiue Therapy and the Emotional Disorders*. New York, International Universities Press, 1976. p. 21.

態度 및 그로 인해 발생되는 삶 전반에 걸친 부적응에 초점을 둔다. 認知治療에서 하나의 접근방법으로서 적용되는 독서요법은 독자와 독서자료의 力動的 과정에서, 책의 전 장면을 읽을 때 일어나는 동일시, 카타르시스, 통찰에 의한 否定的 自我概念과 逆機能的 態度의 변화 및 건전한 삶의 회복이라는 행동의 再體制化를 이룩하게 되는 것이다.

이상과 같은 이론을 기반으로 하여 心理學 분야에서는 현재까지 많은 연구가 이루어져 왔다. 독서요법을 臨床心理와 相談心理分野에 적용한 주요선행연구로는 우선 1950년 Shrodes가 이론과 실험을 통해 문학작품 특히 소설이 치료적 방법으로서 어떠한 효과가 있는 가를 연구한 박사논문이 있고,12) Smith는 가족과의 死別을 경험한 어린이들을 대상으로,13) Pardeck과 Krickeberg, S. K.는 입양어린이 및 문제청소년을 대상으로,14) Yauman은 이혼한 부모의 자녀들을 대상으로,15) Jamison이 우울증을 겪고 있는 성인을 대상으로 실험하였다.16) 그 외에도 Brownwell, Heckerman 과 Westlake, Glasgow와 O'Neill, Hamblin 과 Beutler, Scogin과 Gochneaur들은 인지학습이론에 기반을 두고 정신적인 혹은 육체적인 건강을 위한 실험을 수행하였다.17) Brownwell, Heckerman과 Westlake는 비만여성들의 체중감량을 목적으로 한 6개

---

12) C. Shrodes. Bibliotherapy: A Theoretical and Clinical Experimental Study. Doctoral Dissertation. University of California, Berkeley. 1950.

13) D. Smith. The Use of Bibliotherapy in Clinical Practice. *Journal of Mental Health Counseling* Vol.9, 1987. pp. 184~190.

14) J. T. Pardeck. Using Bibliotherapy to Help Children Cope With the Changing Family. Social *Work in Education.* Vol.9. 1987. pp.107~116.

15) B. E. Yauman. Bibliotherapy with Stepchildren. Springfield, Il., Charles C. Thomas, 1991. pp. 78~83.

16) Christine S. Jamison. Outcome, Process, and Client Variables in Cognitive Bibliotherapy with Depressed Adults. Doctoral Dissertation. University of Alabama, Tuscaloosa, Alabama, 1993.

17) S. M. Ross & P. Christensen. Cognitive and Selp statements in Depression: Findings Across Clinical Populations. *Cognitive Therapy and Research* Vol.10, pp. 159~166.

월간의 독서요법을 실시하였으며, 自己治療的 讀書療法과 行動治療的 讀書療法의 효과를 비교하였다. 실험결과 약 15%의 감량효과를 거두었으며, 양자의 방법에서 별다른 효과의 차이는 나타나지 않았다.18) Dodge, Glasgow와 O'Neill은 여성의 불감증치료를 위한 지침서를 사용하여, 만 18세 이상의 13명의 여성들을 대상으로 自己治療的 讀書療法을 실시하였는데, SAI, SII, HBI 검증분석을 통한 실험효과로서 치료효과가 있음을 보여주었다.19) J. Scogin은 認知治療方法으로서 독서요법을 노인들의 우울증치료를 위해 사용한 실험결과들을 제시하였다.

C. 教育學 分野

教育學 분야에서의 독서요법은 책을 통한 認知發達과 自己學習의 방법으로서 도입되었다. 認知理論에서 個體와 環境과의 상호작용에 의해서 발생하는 행동의 再體制化는 즉 學習을 의미한다. Koffka는 學習을 行動의 變容이라고 하고, 變容의 과정으로는 학습자에게 특정한 과정이 생기며 이 과정이 흔적으로 남게 되고, 흔적이 그 후의 과정에 효과를 미친다고 한다.20) 즉, 학습이 가능하게 되는 것이다. 독서요법에서 Koffka의 학습이론이 가능한 것은 讀者와 讀書資料와의 力動的인 相互作用 과정에서 독자가 책 내용에서 필요한 知識과 情報를 얻어서 그 얻은 知識과 情報가 독자의 행동변화에 영향을 미

---

18) K. D. Brownell, C. J. Heckerman, R. J. Westlake. Therapist and Group Contact as Variables in the Behavioral Treatment of Obesity. *Journal of Consulting and Clinical Psychology*. Vol.46, 1978. pp. 593~594.

19) L. J. Dodge, R. E. Glasgow, H. K. O'Neill. Bibliotherapy in the Treatment of Female Orgasmic Dysfunction, *Journal of Consulting and Clinical Psychology*. Vol.50, 1982. pp. 442~443.

20) D. L. Hintzman. *The Psychology of Learning and Memory*. San Francisco, W. H. Freeman and Company, 1978. pp. 254~266.

치게 되기 때문이다. Lewin은 場(field) 또는 생활공간(life space)이
란 개념으로 學習을 설명하고 있는데, 個人을 둘러싸고 있는 外部環
境은 個人을 적극적으로 접근케 하는 留意性과 소극적으로 회피하게
하는 留意性을 가진 것들로 구성되어 있다. 이러한 環境과 人間의
諸條件 즉 요구, 흥미, 능력, 희망 등과의 力動的인 相互作用에 의해
행동이 규정되는데 이러한 관계상태를 場이라고 부르며, 또한 個人
의 行動을 규정하는 個體的 諸條件과 環境的 諸條件의 총체를 생활
공간이라고 칭하였다. 학습은 場 또는 생활공간에 대한 인지구조의
변화이며 학습이 된 상태를 構造化라고 한다. 이러한 構造化는 학술
이나 서적에 의한 풍부한 지식을 통하여 가능하다고 주장하였다.21)
따라서 場 또는 生活空間에 대하여 構造化가 되었다는 것은 문제해
결이 되었다는 것을 의미한다.

　독서요법에서도 Lewin의 學習理論은 독자와 독서자료와의 力動的
인 相互作用 과정에서 책 내용의 풍부한 知識과 情報등이 내담자나
환자에게 아직 構造化되지 않은 상태였던 자신의 문제나 원인, 환경
에 대해서 構造化 시켜줌으로서 자신의 問題解決과 行動變化를 가능
하게 한다.22) 또한 Bandura에 의하면 人間의 學習은 他人의 행동을
觀察 또는 代理經驗함으로써 이루어진다고 한다.23) 他人의 행동에는
영화나 문학작품, 소설 등의 주인공과 등장인물 등이 포함된다고 하
였다. 독서요법에서도 이러한 觀察學習(observational learning)과 代
理學習(vicarious learning)이 독자와 독서자료와의 力動的인 相互作
用 과정에서 책 속의 주인공이나 등장인물들의 훌륭하고 매력적인
행동에 대해서 모방 또는 대리경험을 통하여 行動變化가 일어날 수
있으며, 이러한 변화는 問題解決을 가능하게 하는 것이다.24)

---

21) J. S. Zaccaria & M. A. Moses. *Facilitating Human Development through
　　Reading.* Champaign, Ill., Stipes, 1968. p. 16.
22) Ibid. p. 16.
23) A. Bandura. *Social Learning Theory.* New Jersey, Prentice Hall, Inc., 1977.
　　pp. 24~29.

이러한 理論的 根據에 의해 敎育學 分野에서도 자아개발 및 건전한 가치관 확립을 위한 방법으로서 독서요법의 중요성을 인정하고 그에 따른 연구와 실험이 꾸준히 이루어지고 있다. 주요 연구내용들은 自我 및 自我槪念 發達(self and self concept development), 態度變化(attitude change), 性格變化(character change), 個人 및 社會的 發達(personal and social development)에 초점을 두고 있으며, 특히 自我 및 自我槪念 發達에 관한 관심과 연구가 많이 진행되고 있다.25) 그 이유는 한 개인이 자기자신에 대한 견해 즉 자아개념이 그의 행동에 가장 많은 영향을 주며 또한 性格과 精神健康에도 관여되기 때문이다.

敎育學 分野에서 독서요법의 효과를 검증하기 위해 이루어진 선행연구중에서, 自我槪念 育成을 실험내용으로 다룬 주요 연구로는, 유치원생을 대상으로 한 Taylor(1983), 초등학교 학생들을 대상으로 한 Kanaan(1976), King(1972), Lundstein(1972), 고등학교 학생들을 대상으로 한 Penna(1965), Shirley(1966), 대학생을 대상으로 한 Zentner(1974), Hartman(1951)등이 있다.26) 이상의 실험에서 독서요법의 효과가 나타났으며, 반대로 독서요법의 효과가 나타나지 않은 선행연구로Dixon (1974), Altmann & Nielsen(1974), Lodge(1956) 등이 있다.27) 자아개념이외에 태도변화를 실험내용으로 다룬 연구로는, 초등학생을 대상으로 한 Fisher(1965), King(1972), Yawkey(1973), Schrank (1977) 등이 있으며, 중. 고등학교 학생들을 대상으로 한 Shirley (1966), Hayes(1969), Caffee(1975), 대학생을 대상으로 한 Alsbrook (1970), Standley & Standley(1970)의 실험에서 독서요법의 효과가 나타

---

24) D. H. Russell & C. Shrodes. Contributions of Research in Bibliotherapy to the Language Arts Program. *School Reuiew*. Vol.58, 1950. p.325
25) Ibid. p. 335.
26) R. J. Riordan. Bibliotherapy: Does It Work? *Journal of Counseling and Development.* Vol.67, 1989. pp. 506~508.
27) Ibid.

났다.28) 性格變化를 내용으로 한 선행연구로서는 대학생을 실험대상으로 한 McGovern(1976), Nesbitt(1977), Allen(1978) 등이 있으며 실험결과 독서요법의 효과가 나타났다. 개인 및 사회적 발달을 실험내용으로 한 선행연구로는 초등학생을 실험대상으로 한 Appleberry(1969)가 있으며, 실험결과 독서요법의 효과가 나타났다.29)

국내에서는 非行靑少年을 실험대상으로 한 윤달원의 실험연구에서 독서요법의 효과유무를 검증한 결과에서 효과가 있는 것으로 나타났다.30)

D. 文獻情報學 分野

이상에서 기술한 精神醫學 분야, 心理學 분야, 敎育學 분야의 이론적 토대를 근거로 하여, 독서요법은 각각의 학문분야 소속환경에서 책을 공통적이며 필수적인 매개로 하여 그 理論的 硏究와 實驗이 이루어져 왔다. 즉, 병원, 학교, 교정시설 및 가정은 독서요법을 적용할 수 있는 환경이며, 각 시설에 소속한 圖書館과 그 資料는 독서요법의 필수적 매개인 것이다. 또한 독서요법의 技術을 개발하고 이를 適用함에 있어 각 圖書館의 司書들은 책과 독자사이의 중재자로서 독자의 삶의 지혜를 계발하고 건전한 자아상을 확립하는데 개별적인 도움을 줄 수 있으며, 환자의 치료프로그램에서는 의사나 상담자와의 협력 하에 재활에 도움을 줄 수 있다.31)

---

28) Ibib.

29) I. Berry. Contemporary Bibliotherapy. In *Bibliotherapy Sourcebook* Phoenix, AN, Oryx Press, 1978. pp. 185~190.

30) 윤달원. 비행청소년의 자아자념 육성을 위한 독서요법의 효과. 성신여자대학교 대학원. 박사학위논문. 1990.

31) R. M. Tews. Progress in Bibliotherapy. *Advanced in Librarianship.*

1904년 처음으로 Waverly, Massachusetts의 McLean Hospital에서 실행된 독서요법의 과정에서 전문적이고 훈련된 사서인 E. Kathleen Jones가 주도적인 역할을 담당하고, 1923년 사서인 Sadie P. Delaney가 Tuskegee, Alabama의 Veterans Administration Hospital에 독서요법을 도입한 이래로 독서요법은 文獻情報學의 한 분야로 인정되었다.32) 즉 책을 읽게 함으로써 치료를 돕는 것은 병원이나 요양시설 등의 臨床環境에 한정된 文獻情報學의 한 영역으로 취급되었다. 그러나 이러한 초기개념은 健全한 自我概念과 價値觀의 育成이라는 광범위한 개념으로 확대되면서 1940년대부터 학교 및 교정시설에서도 독서요법의 필요성이 인정되어 이를 실행하게 되었으며, 이러한 발전은 질병의 치료를 위한 臨床環境에서의 독서요법의 실행에 필요한 사서의 역할 뿐만 아니라, 敎育機關, 公共機關을 포함하는 전 사회환경에서 독서요법을 통해 지역사회 구성원의 肉體的, 精神的, 社會的 健康에 중요한 몫을 담당하는 圖書館과 司書의 역할이 요구되었다.33) 이에 따라 1962년 Library Trend에 의해 주관된 독서요법에 관한 심포지엄은 보다 체계적이고 성숙한 단계의 연구내용을 발표하게 되었고, 1962년 美國 圖書館協會(American Library Association)의 3일간에 걸친 Bibliotherapy Workshop에서는 도서관학교에서의 독서요법강좌, 도서관에서의 현장서비스, 문헌에 대한 광범위한 지식의 습득, 심리학교육 등을 포함하는 훈련프로그램의 모델을 제시하게 되었다. 圖書館學校에서 처음으로 이수과목으로 개설된 것은 1970년 Villanova University의 Graduate School of Library Science에서였으며, 1972년부터 1974년에는 여름학기 과정으로 Indiana University에서 詩療法(poetry therapy)에 대한

Melvil J. Voight ed. New York, Seminar Press, 1970. p. 171.
32) Rhea JRubin. Uses of Bibliotherapy in Response to the 1970s. *Library Trends.* Vol.28, No.2, 1979. p. 244.
33) U. S. Senate. Committee on Government Operations. *The United States and World Health Organization: Teamwork for Mankind's Well* Being. Washington D. C., US Government Printing Office, 1959. p. 37.

훈련과정을 실시하였다. 최초의 포괄적인 교육훈련 프로그램은 1973
년의 Arleen Hynes이 제시한 448시간의 2년 과정이었으며, 그중 1년
은 교육과정, 나머지 1년은 인턴과정을 포함하고 있다.34) 그 당시에는
讀書療法 治療士의 자격증이 준비되지 않았기 때문에, 과정의 이수 후
에 詩療法治療士(Certified Poetry Therapist)자격증이 수여되었다.
1977년 Rhea Rubin이 직업기술사항과 치료기준 등에 대한 검토를 기
반으로 讀書療法士의 자격증을 제안하였다.35) 1980년대에 들어서면서
독서요법은 公共圖書館의 서비스로 확대되는 추세에 있으며, 그 이유
는 지역사회 구성원들과의 個別的이며 相互的인 관계가 圖書館이라는
사회의 中立的이며 協力的인 기관에서 專門司書와 讀書資料와 함께
友好的으로 이루어질 수 있기 때문이다.

  文獻情報學 분야에서의 선행연구는 독서요법의 효과검증에 관한
실험연구보다는 주로 讀書療法 治療者로서 사서의 자질, 교육 및 훈
련과정의 지침과 계획에 초점을 두고 理論的인 硏究가 진행되고 있
다. Alexander 와 Buggie는 심리학과 심리치료에 대한 학문적 지식
을 갖춘 전문사서로서 정신분열증환자의 치료에 의사의 약물치료 하
에 보조적 치료로서 독서요법을 실시하였다. 실험결과는 症狀의 好
轉이었으나, 약물치료와의 병행으로 독서요법의 효과에 대한 정확한
검증결과는 제시되지 않았다.36) 국내의 연구로는 소년원에 보호중인
非行靑少年을 대상으로 독서요법의 효과를 검증한 변우열의 실험연
구가 있다.37) 이러한 主題實驗硏究외에 여러 주제-상호 협력적 독

---

34) Arleen Hynes. Certification and the St. Elizabeths Hospital Bibliotherapy
    Training Program. 재인용: Rubin, Rhea J. Using Bibliotherapy: A Guide
    to Theory and Practice. Phoenix, Oryx Press, 1978. pp. 201~12.
35) Rhea J. Rubin. Uses of Bibliotherapy in Response to the 1970s. *Library
    Trends*. Vol.28, No.2, 1979. p. 250.
36) R. H. Alexander. and S. E. Buggie. Bibliotherapy with Chronic Schizophrenics:
    The Therapeutic Function of the Psychiatric Librarian in a State Mental
    Hospital. *Journal of Rehabilitation* Vol.33, 1967. pp. 26~42.
37) 변우열. 비행청소년 선도를 위한 독서요법: 소년원을 중심으로. 고성수선생

서요법과 독자적 독서요법, 개인 독서요법과 집단 독서요법, 文獻에
의한 독서요법과 詩에 의한 독서요법, 병원 및 의료시설 도서관에서
의 독서요법, 학교 및 교정시설에서의 독서요법 등에 관한 이론을
다룬 多數의 논문들이 발표되고 있다.

정년퇴임 기념논문집. 대구, 동논문집발간위원회, 1990. pp. 57~86.

Ⅲ. 老人의 憂鬱症 解消를 위한 讀書療法

A. 老人問題 및 老人心理

'老人'(older adults)이란 用語는 신체적인 쇠약 및 노화정도, 가족 생활주기 및 손자녀 유무, 연령 등을 기준으로 규정한다. Havighurst는 인생의 주기를 여섯 단계로 구분하여, 아동초기(0-6세), 아동중기(6-13세), 청소년기(13-18세), 성인초기(18-30세), 중년기(30-60세), 노년기(60세 이후)로 제시하였다.1) 老人에 대한 구분은 社會마다 또는 時代에 따라, 觀點에 따라 달라질 수 있으나 일반적으로 80년대 이전에는 약 60세를 기점으로 분류하였으나, 최근 들어서는 평균 수명의 연장과 함께 65세를 기점으로 분류하는 경향이 증가하고 있다.2)

오늘날 선진외국에서는 65세 이상의 老人人口가 10%를 훨씬 상회하여 20%에 이르는 高齡化 사회로 진입되고 있으며, 그에 따른 老人問題를 안고 있다. 최근 우리나라도 사회구조의 급진적인 변화로 인해 여러 측면에서 서구사회에서 볼 수 있는 老人問題가 제기되고 있으며 앞으로 노인인구의 증가로 인해 더욱 심각해 질 것으로 예상된다. 통계청 자료에 의하면 우리나라의 65세 이상 노인인구의 비는 1995년 5.7%이며, 2001년의 7%, 2023년에는 14%로 배증될 것으로 추계되고 있다.3) 따라서 우리나라의 노령인구가 배증하는 속

---

1) R. L. Havighurst. *Developmental Tasks and Education* New York, David Mckay, 1972. pp. 4~10.
2) 윤진. 성인. 노인심리학. 서울: 중앙적성출판사, 1994. pp. 6~8.

도는 프랑스 115년, 스웨덴 85년, 영국 및 서독 45년, 일본의 24년[4]
보다도 빠른 속도이다. 이는 다른 나라들이 오랜 세월에 걸쳐 대처
해 온 老人問題를 단기간에 해결해야 한다는 점에서 문제는 더욱 심
각하다고 할 수 있다.

　현대 산업사회의 특징이라고 할 수 있는 도시집중과 핵가족화 및
인구의 高齡化에 따른 老人問題는 우리나라에서도 심각한 사회문제
로 대두되고 있다. 1960년 이후 급격한 산업화, 도시화로 인한 사회
변동과 가치관의 변화는 전통사회에서 가정의 실권자였던 노인의 가
부장적 지위를 약화시켰을 뿐만 아니라, 어떤 의미에서는 소외계층
으로 전락시켰다고 볼 수 있다.

　老人問題는 일반적으로 빈곤, 질병, 고독, 無爲의 4 重苦로 나누어
진다. 즉 老年期에는 노인이 停年을 맞아 퇴직하거나 혹은 노후 소
득보장제도 및 일거리 마련의 미비 등으로 소득원이 상실되어 은퇴
후 빈곤의 문제가 야기되고 있으며, 신체적 약화나 노화로 인해 질
병이나 건강상의 문제가 발생하고 있다. 그리고 핵가족화 및 대화의
부족, 가족의 결속도 감소 등으로 인해 고독과 소외감의 문제 등이
생겨나고 있으며, 아울러 가정과 직장에서의 역할 상실로 인해 할
일이 없는 無爲의 문제가 대두되고 있는 것이다. 이런 노인의 문제
는 한 가지씩 따로 오는 것이 아니라 두 가지 이상이 겹쳐서 진행되
므로 老人의 고통은 더욱 加重되고 있다고 볼 수 있다.

　인생의 전 생애를 6단계로 구분해 볼 때 老年期는 생을 아름답게
마무리해야 하는 단계이다. 그러나 노년기에 들어서면서 일반적으로
나타나는 신체적 현상은 머리가 빠지고 희어지며 청각. 시각 및 미
각과 후각이 감퇴되고 피부에는 주름이 생기며 탄력이 없어지고 심
장박동이 약해지며 폐활량이 적어져 호흡기능이 약해지고 정서불안
정으로 수면장애도 올 수 있다. 또한 근육의 힘이 감소되며 신장의

---

　3) 통계청. 장래인구추이(1990-2023), 1991.
　4) UN, *The Sex and Age: Distributions of Population,* 1991. pp. 234~235.

여과기능이 약화되고 뼈조직이 쇠약해지며 여러 신체조직이 허술해지는 현상도 나타나게 된다.5)

老年期의 心理的 側面을 살펴보면, 老年期의 心理的 特性과 行動樣式은 적어도 60여 년 동안 겪는 개인적인 경험과 사건, 문화적, 사회적 변화의 결과이므로, 노인들은 상대적으로 다양한 個人差를 보일 수 있다. 즉 사람은 一生을 살면서 또는 老年期까지 오면서 청년기, 장년기의 課業發達에 따라 自我統合을 이룰 수도, 절망감에 빠질 수도 있고 많은 시련과 역할의 변화, 상황의 전환을 겪게 되기도 한다.

이러한 변화에 따라 性格과 心理的 特性들이 결정되는데 '老年期에 나타나는 심리적 측면 중 일반적인 특성들로는 內向性(interiority) 및 受動性(passivity)의 증가, 操心性 및 硬直性의 증가, 우울증의 증가, 과거에 대한 회상의 증가, 친숙한 사물에 대한 애착심의 증가, 性役割 知覺의 변화, 의존성의 증가 등'을 들 수 있다.6)

B. 憂鬱症의 症狀

老年期의 일반적인 心理的 特性중에서 연령증가에 따른 우울증의 증가는 더욱 일반적인 현상이다. 우울증의 대표적인 증상은 슬픈 감정이다. 사람에 따라서 이런 슬픈 감정을 감추고 겉으로 표현하지 않거나, 無意識的으로 抑壓 또는 否認하여 본인도 의식하지 못하는 경우도 있다. 슬픈 감정은 대개 불안, 죄책감, 후회를 동반하며, 이런 情緒的 特性 외에도 집중의 어려움, 의사결정과 문제해결의 어려

---

5) 윤진. 성인. 노인심리학. 서울: 중앙적성출판사, 1994. pp. 181, 316~317.

6) W. P. Sacco & A. T. Beck. Cognitive Therapy of Depression. *Handbook of Depression: Treatment, Assessment, and Research*. Homewood: Dorsey Press, 1985. pp. 3~38.

움, 자신과 미래와 환경에 대한 비관적이고 부정적인 생각, 대인접촉
의 회피, 의존, 자주 울기, 비활동성, 외모를 소홀히 함, 반응속도,
움직임, 말 등이 느려짐, 식욕의 과다 혹은 과소, 불면증 혹은 과다
수면, 두통, 근육통 호소, 성욕의 변화 그리고 피로감등의 신체적 증
상을 보이거나 경험한다.7) 즉 우울증의 경향은 불면증, 식욕감퇴, 체
중감소, 감정적 무감각, 강박관념, 죄책감, 증오심 등의 구체적인 증
상을 유발하게 되는 것이다.8)

　老人들은 그들이 처한 특수한 상황으로 인하여 다른 연령군에 비
해서 우울증에 빠질 가능성이 크다는 것이 이전부터 보편적인 사실
로 알려져왔다. 배우자와 친척들의 죽음, 경제적 불안정, 퇴직, 정력
과 신체적 지각의 감퇴, 죽음에 대한 두려움 등의 많은 상황들은 노
인들의 우울증 발현에 기여할 것이 분명하다.9) 즉 신체적 질병, 배
우자와의 사별, 경제사정의 악화, 지나온 세월에 대한 悔恨, 노화로
인한 고독 및 소외감, 일상생활의 통제 불가능 등으로 우울증이 증
가하고 있는 것이다. 또한 노인 우울증 증상에서 나타날 수 있는 記
憶力 減退와 認知障碍는 젊은 층에서는 드문 현상으로 노년기 우울
증의 독특한 특성이라고 할 수 있다.10)

　이러한 특성들과 함께 韓國 老人들의 우울증에는 韓國 특유의 情
緖가 내포되어 있는데 그것은 韓國人의 意識構造에 고유하게 자리
잡고 있는 '恨'이라는 개념이다. '恨'은 한국인의 歷史性 및 地理性
과 밀접한 연관을 가지고 형성된 한국인 특유의 民族情緖라 할 수

---

7) 김계현. 상담심리학. 서울, 학지사, 1997. p. 114.
8) 김태현. 노년학. 서울, 교문사, 1994. pp. 61~66.
9) 정인과 외. 노인우울척도의 신뢰도, 타당도 연구. 신경정신의학. 36권, 1호,
　　1997. p. 103.
　　Larry W. Thompson, Dolores Gaggagher, Ruth Czirr. Personality and
　　Disorder and Outcome in the Treatment of Lafe-life Depression. *Journal
　　of Geriatric Psychiatry*. Vol.21, No.2, 1988. pp. 133~135.
10) D. Blazer & C. Williams. Epidemiology of Dysphoria and Depression in an
　　Elderly Population. *American Journal Psychiatry*. Vol. 137, 1980. p. 439.

있다. 恨은 마음을 뜻하는 '심(忄)'과 가만히 멎어 있다는 뜻인 '간(艮)'이 합친 글자이다. 즉 恨이란 마음속에 무엇인가를 가만히 간직하고 있는 상태라는 뜻이다. 그래서 恨은 마음속에 억압된 어떤 정서를 뜻하는 것이다. 동일한 歷史的, 地理的 생활공간에서 삶을 영위하던 한민족이 現實的으로 충족되지 못한 欲求不滿이 우리나라 특유의 意識橫造 속에 녹아내려 다른 나라의 언어로 표현할 수 없는 독특한 性情이 담겨 있는 개념이다.11) 현재를 살아가는 우리나라 노인들은 개인적으로 차이는 있겠지만 대부분 공통적으로 日帝壓迫과 전쟁, 가난, 가족 간의 생이별 등의 아픈 경험들을 상처로 안고 살아가고 있으며, 그러한 삶의 歷史가 그들의 情緒에 力動的으로 작용한다고 볼 수 있다. 즉, 韓國 老人들의 恨은 韓國의 고유한 意識構造와 歷史 속에서 형성되어 현재 그들의 內面世界 속에 독특한 정서로 자리 잡고 있으며, 이러한 정서가 표출되는 형태에 있어서 韓國人의 표현방식은 보다 消極的이며 受容的인 韓國的 얼이 심어있기도 하다. 그러나 心理 力動的으로 보면 그러한 欲求不滿 또는 欲求挫折感은 가만히 의식 속에 잠재하고 있어 소멸되는 것이 아니라 의식 밖으로 표출하려고 끊임없이 생동하고 있다.

이러한 老人들의 억압된 정서 혹은 우울증이 밖으로 발산되어 회석되지 않거나 더욱 심화될 경우에 때로는 신체적 질병의 형태로 나타나기도 한다. 노년의 정서적 갈등이 적절히 해소될 때 보다 건강하고 행복한 노년기를 맞이할 수 있는 것이다.

---

11) 이규봉. 한국인의 의식에 나타난 恨의 의미. 새 빛. 164권. 8호. 1978. pp. 24~26.

C. 憂鬱症의 測定道具

憂鬱症 程度를 측정하고, 改善程度를 측정하기 위한 도구로서 공신력 있는 검사척도표를 사용하는 것이 필수적이다. 그리하여 현재 임상에서 인성검사, 부정적 사고검사, 행동검사, 우울증검사척도에 관한 많은 척도표 들이 사용되고 있다. 검사척도표는 작성자를 기준으로 自己報告形 尺度表(self report measures)와 觀察者 平價形 尺度表(observer rating scales)의 두 가지 형태로 나누어진다. 자기보고형 척도는 대상자 자신의 판단에 의해 질문에 답변하는 형태로서 개인적 주관과 편견에 치우칠 수 있는 한계가 있으며, 관찰자평가형 척도는 관찰자들의 진단 및 평가에 일치성을 유지하기 어렵다는 한계가 있다.12) 또한 處置效果가 1次元的인 것이 아니기 때문에 하나의 출처에서 나온 주관적인 데이터보다 다양한 출처 즉 대상자와 면담자로부터 추출된 결과데이터가 보다 客觀性 및 信賴度가 높다는 보고가 있다.13)

노인들의 우울증을 측정하는 검사척도표의 사용에는 고려해야 할 사항이 있다. 먼저 노인들이 겪고 있는 일반적인 불편함이나 스트레스는 대부분의 노년기에서 경험하는 것이기 때문에 그 자체를 노인 스스로가 정신적 갈등 혹은 우울증으로 간주하지 않을 가능성과 다음으로 노인의 경우에는 시력감퇴, 주의집중력 약화, 이해력 등의 전반적인 認知機能의 減少와 體力의 限界 때문에 장시간이 소요되거나 미묘한 변별과 선택을 요하는 질문형식의 척도표에 적합하게 반응하

---

12) J. A. Yesvage., T. L. Brink, T. L. Rose, O. Lum, et al, Development and Validation of a Geriatric Depression Screening Scale: A Preliminary Report. *Journal of Psychiatry Res.* Vol.17, 1983. pp. 37~39.

13) A. Raskin & D. F. Klein. The Clinical Measurement of Depressive Disorders. *The Measurement of Depression* New York: Guilford Press, 1987. pp. 30~32.

는 것이 곤란하다14)는 것이다.

이상과 같은 점들을 고려하여 본 연구에서는 老人들의 정서적 갈등과 우울증을 측정하기 위해서 세계적으로 妥當性과 信賴度를 인정받고 있는 자기보고형 척도표인 BDI, 관찰자평가형 척도표인 HRSD, 그리고 逆機能 思考 및 態度에 대한 자기보고형 척도표 DAS의 3가지 검사 척도표를 사용한다.

BDI는 Beck, Ward, Mendelson, Mock, Erbaugh가 1961년에 우울심도를 측정하기 위해 개발한 것으로서 가장 널리 이용되는 21개의 문항으로 구성된 자기보고형 우울척도이다.15) 각 문항은 우울, 절망감, 죄책감, 열등감, 건강염려, 자살충동, 수면장애 등에 관한 내용으로 4가지 답변중 택일하도록 구성되어 있다. 검사에 소요되는 시간은 약 5분 내지 7분 이내이다. BDI검사의 점수는 0-9점까지는 정상, 10-23점까지는 경미한 우울증, 24점 이상은 중증우울증으로 판별된다. 문헌상에 보고 되어 있는 BDI의 반분신뢰계수(split-half reliability coefficients)는 범위 .58에서 .93이다. 검사-재검사 신뢰계수(test-retest coefficients)는 다양한 연구를 통해 범위 .69에서 .90으로 보고 되었다.16)

HRSD는 Hamilton, M이 1960년에 개발한 우울척도로 대상자와 관찰자의 면담을 통해 관찰자가 평가작성하는 형식이다. 27개의 문항으로 구성되어있으며 검사시간은 20분에서 30분 정도 소요된다. 각 문항

---

14) A. S. Bellack. Psychotherapy Research in Depression: An Overview. *Handbook of Depression: Treatment, Assessment and Research*. Homewood, Dosey Press., 1985. pp. 204~205.
    정인과 외. Ibid. p. 104.

15) Forrest Scogin. Reliability and Validity of the Short Form Beck Depression Inventory with Older Adults. *Journal of Clinical Psychology*. Vol.44, No.2, 1988. pp. 853~854.

16) D. Gallagher. Assessment of Depression by Interview Methods and Psychiatric Rating Scale. *Handbook of Clinical Memory Assessment*. Washington, D. C., American Psychological Association, 1986. pp. 202~212.

은 슬픔, 죄의식, 수면장애, 식욕부진, 자살충동, 건강상태 등에 대한 질
문내용으로 구성되어 있다. 검사결과 0-6점까지는 정상, 7-24점까지는
경중 우울증, 25점 이상부터는 중증 우울증으로 평가된다. HRSD는 현
재에 이르기까지 임상에서 가장 많이 이용되고 있는 면담형 형태의 척
도표로서, 여러 연구를 통해 내적일치도(internal consistency)는 범위
.83에서 .94로 나타나 있으며, 신뢰계수는 .85이상으로 보고 되어 適合
信賴度가 인정되고 있다.17) 본 연구에서는 한국인에게 적합하게 축약
개조한 번역판인 24 항목의 척도표를 사용하기로 한다.

DAS는 1979년 Weissman, Arlean에 의해 개발된 자기보고형 우울
증 척도이다. 40 문항으로 구성되어 있으며, 대상자의 성격특성, 부정
적 사고성향, 역기능적 태도 등에 관한 질문내용으로 Beck의 認知理
論에 기반을 두고 있다. 검사에 소요되는 시간은 약 10분 정도이며,
답변은 질문내용에 全的인 同義일 경우 1점으로부터 全的인 否定일
경우 7점으로 계산되어 총점수가 산출된다. 구성문항들은 특히 부정
적 자아개념, 미래에 대한 비관, 완벽주의 혹은 회의주의 등에 관한
질문들로 구성되어 있다. DAS의 신뢰계수는 범위 .89에서 .92이며,
검사-재검사 신뢰계수는 .84로 높게 나타난다.18) DAS는 우울성 사
고와 비우울성 사고형태를 구분하는데 유용한 자료로 평가된다.

본 연구에서는 이상에서 밝힌 검사척도표에서 보는 바와 같이, 검
사척도표 자체의 信賴度와 安當度가 객관적으로 인정될 수 있고, 동
시에 老人들의 身體條件과 認知條件에 적합한 자기보고형 척도표와
관찰자진단형 척도표를 병행해서 사용함으로써 검사의 한계성을 줄
이고 客觀性 및 正確度를 높이려고 한다.

---

17) J. G. Rabkin & D. F. Klein The Clinical Measurement of Depressive
    Disorders. *The Measurement of Depression.* New York, Guilford press,
    1987. pp. 30~83.
18) C. Hammen & S. E. Krantz. Measurements of Psychological Processes in
    Depression. Handbook of Depression: Treatment, *Assessment, and
    Research.* Homewood, Dorsey Press, 1985. pp. 408~444.

또한 독서요법 시행을 위한 각 검사척도표의 최적 절단점수(cut off score)는 경미한 우울증 정도로 보편타당성 있게 인정되는 BDI 10점, HRSD 7점, DAS 80점으로 정한다.19)

D. 讀書療法을 통한 憂鬱症 解消

독서요법은 우리사회에 대두되고 있는 老人問題를 質的으로 개선하기 위한 多角的인 방법의 하나로서, 老人들의 억압된 정서를 表出시키고 昇華시켜 노후생활을 보다 만족스럽고 성공적으로 이끌어 노인의 생활만족도와 삶의 質을 향상시키려는 접근방법이다. 또한 경제적 능력과 기동력이 감소되는 노인들에게 보다 費用이 저렴하고 接近이 容易하다는 점, 私生活이 보호된다는 점에서 독서요법은 老人들의 생활환경에 적합하게 정신적, 정서적 갈등을 해소하는 효과적인 방법일 수 있으며, 특히 韓國 老人들의 傳統的 倫理觀에서 형성된 억압된 정서의 소극적 표현방법 및 한국고유의 환경여건에 보다 적합한 치료방법이 될 것이다.

이러한 독서요법을 시행함에 있어 적합한 讀書資料의 선정은 치료효과에서 매우 중요한 요소가 된다. 對象者와 讀書資料와의 力動的 相互作用의 결과로서 치료효과가 나타나기 때문에, 노인들의 우울증 해소를 위한 적합한 독서자료의 선택은 核心的 過程으로서 신중히 고려되어야 할 부분이다.

본 연구에서는 독서자료를 선정하기 위한 기준으로서, 첫째, 노년기의 정서적 안정과 성공적인 적응능력을 줄 수 있는 주요 요인들을

---

19) American Psychiatric Association. *Diagnostis and Statistic Manual of Mental Disorders,* 3rd ed. Washington, D. C, American Psychiatric Association, 1980. pp. 40~52.

파악하고, 둘째, 응답된 연구질의서와 면담의 내용을 통해 연구대상
자들이 겪고 있는 實際的인 問題點들을 파악하였다.

먼저 노인들의 정서적 안정과 생활의 만족도를 높일 수 있는 요인
으로서 건강, 교육수준, 경제상태, 배우자 유무, 종교, 사회참여, 자
녀의 유대관계, 성역할의 정체감 등을 들 수 있다.20) 이 중 독서를
통해 영향을 줄 수 있는 요인들은 건강, 배우자와의 사별에 따른 슬
픔과 고독, 종교적 위안, 자녀 및 가족 간의 유대관계, 사회참여에
대한 동기유발 등으로 파악하였다.

우선적으로 노인들에게 있어 건강은 어느 연령층보다도 중요한 요
인으로서 生活滿足度에 많은 영향을 미치고 있다. 노인이 건강할 수
록 자신의 경제생활에 더 만족하며, 건강한 노인이 사회적 활동에
더 적극적으로 참여하여 자신의 생활에 더 만족하는 경향이 있다.
그러나 악화된 건강상태는 노인의 사기를 저하시키고 가족들에게 부
담을 주게 되므로 가족간 결속도나 만족도를 저해하는 要因으로 작
용할 수 있는 것이다.

배우자의 유무와 생활만족도에 관한 연구들에 의하면 배우자가 있
는 노인이 홀로된 노인보다 정신적 질환이나 자살율, 사망률이 낮은
것으로 나타나고 있고, 사회심리적 적응도나 사기, 생활만족도가 더
높은 것으로 나타나고 있다.21) 배우자의 喪失과 그로 인한 役割이나
사회적 관계의 喪失, 홀로 사는 외로움, 슬픔, 고독감 등을 고려해
본다면, 배우자의 상실은 그 자체의 슬픔뿐만 아니라 정신적, 육체적
건강을 저해시키는 주요한 요인으로 나타날 수 있다.

宗敎生活은 노인들이 선택할 수 있는 중요한 非公式的 支持基盤으
로서 노인이 겪는 배우자의 상실이나, 소외, 고독, 죽음의 두려움 등

---

20) J. Liang. Sex Differences in Life Satisfaction among the Elderly. *Journal
of Gerontology*. Vol.36. No.1, 1982.

21) L. W. Thompson. Effects of Berearement on Self Perceptions of
Physical Health in Elderly Widows and Widowers. *Journal of
Gerontology*. Vol. 39, 1984. pp. 48~52.

의 정신영역에 위안을 줄 수 있다. 선행연구들은 宗敎에의 계속적인 참여는 삶에 대해 좀더 긍정적 태도를 가질 수 있기 때문에 宗敎가 없는 노인보다 宗敎가 있는 노인이 소외감을 적게 느끼고 안정된 생활을 하는 것으로 나타나고 있다.22) 종교적 믿음과 종교활동은 老年期에 이르러 더욱 증가하는 경향이 있으며, 노인들의 고독이나 고립감을 완화시키고 정서적 안정감을 강화시킬 수 있는 주요한 요인인 것이다.

노년기의 최대관심은 가족과 자녀들의 공경심이라고 할 수 있다. 대부분의 노인들은 전 생애를 통해 가족과 더불어 생활하고 자녀를 양육하며 살아 왔으므로 老年期에 자녀의 도움을 기대하게 되고 다른 어느 집단보다 자녀에게 얻는 도움이 큰 만족감을 준다. 경제적 도움 또는 대화를 통한 객관적인 유대감뿐만 아니라 애정이나 친밀감의 주관적 유대감이 노인의 적응이나 결속도에 많은 영향을 미치게 되므로 노인들이 자녀와 원활한 의사소통을 하고 상호관계에서 만족을 느끼는 것은 老年의 生活에 매우 중요한 요인이다.23)

마지막 요인으로서 老人들의 社會活動을 들 수 있다. 노인들의 사회활동은 신체적, 심리적으로 노화과정을 겪고 있는 노인에게 중요한 의미를 갖는다. 노인들이 많이 모여 사는 지역에 있는 노인들이 동료 노인들과의 친밀한 관계를 통하여 정서적 지지를 얻기 때문에 생활에 더 만족하는 경향이 있다. 특히 배우자가 없거나 혼자 사는 노인의 경우에 혼자 보내는 시간은 삶의 의욕을 상실할 정도로 깊은 고독감을 가져올 수 있다. 그러므로 함께 시간을 보낼 수 있는 친구나 이웃과의 친교활동은 노후생활의 만족도에 중요한 요인이 될 수 있다.24)

이상과 같이 노인들의 정서적 안정과 만족도를 향상시킬 수 있는

---

22) 김태현. 노년학. 서울: 교문사, 1994. pp. 192~195.
23) 윤진. 성인. 노인심리학. 서울: 중앙적성출판사, 1994. pp. 252~254.
24) 윤진. Ibid., p. 254.
   김태현. Ibid.. pp. 192~195.

요인들을 살펴보았다. 다음으로 독서자료 선정과 관련하여 노인들에게 괴로움을 느끼게 하는 요인을 파악하기 위하여 연구대상자들에게 제시한 질의서에 응답한 내용과 면담을 통해 파악한 실제적인 문제점을 살펴보면 <표 2>와 같이 외로움과 소외감, 신체적 질병, 경제적 어려움, 가족 간의 불화의 順으로 나타났다.

<표 2> 독서자료선정을 위한 질의응답의 내용 및 결과

집단 요인	집단1 (n=12)	집단2 (n=10)	합계 (n=22)
외로움 및 소외감	6/12	5/10	11/22
질병	4/12	3/10	7/22
경제적 어려움	0/12	12/10	2/22
가족간의 불화	1/12	0/10	1/22
기타	1/12	0/12	1/22

Ⅳ. 實驗 方法

A. 研究問題 및 假設

老人들의 抑壓된 情緒 혹은 憂鬱症이 밖으로 발산되어 희석되지 않거나 더욱 심화될 경우에 때로는 신체적 질병의 형태로 나타나기도 한다. 노년의 정서적 갈등이 적절히 해소될 때 보다 건강하고 행복한 노년기를 맞이할 수 있음에도 불구하고, 현실적으로는 노년의 정신적, 정서적 문제들에 대한 사회적인 인식과 이해가 부족한 형편이다. 독서요법은 현재 심화되고 있는 노인문제를 질적으로 개선하기 위한 다각적인 방법의 하나로서, 노인들의 정서적 갈등 및 우울증 개선에 효과적일 것이라고 예측하며, 본 연구는 독서요법의 효능을 검증하기 위해 다음과 같은 假設과 用語를 설정한다.

用語
集團-1: 실험집단(experimental group)
　　　　-상호 협력적 독서요법을 실시하는 집단-
集團-2: 지연처치 통제집단(delayed treatment control group)
　　　　-독자적 독서요법을 실시하는 집단-
時點-1: 실험집단이 독서요법의 처치를 시작하는 시점
時點-2: 실험집단이 독서요법의 처치를 완료하는 시점과 동시에
　　　　지연처치 통제집단이 독서요법의 처치를 시작하는 시점
時點-3: 지연처치 통제집단이 독서요법을 완료하는 시점

1) 假說-1

독서요법의 처치이전시점(時點-1)에서 실험집단(集團-1)과 지연처치통제집단(集團-2)의 BDI, HRSD, DAS의 검사점수에서 두 집단은 統計的으로 有意味한 差異없이 同質性($p > 0.05$, 단측검증)을 나타낼 것이다.

2) 假說-2

실험집단(集團-1)의 독서요법처치가 완료되는 시점(時點-2)에서 실험집단(集團-1)과 지연처치통제집단(集團-2)의 BDI, HRSD, DAS의 점수는 統計的으로 有意한 差異($p < 0.05$, 단측검증)를 보일 것이다.

3) 假說-3

지연처치통제집단(集團-2)은 처치를 시작하는 시점(時點-2)과 처치가 완료되는 시점(時點-3)에서 BDI, HRSD, DAS의 점수가 統計的으로 有意한 差異($p < 0.05$, 단측검증)를 보일 것이다.

4) 假說-4

처치가 모두 완료되는 시점(時點-3)에서 상호 협력적 독서요법을 실시하는 실험집단(集團-1)과 독자적 독서요법을 실시하는 지연통제집단(集團-2)의 BDI, HRSD, DAS의 점수는 統計的으로 有意한 差異($p < 0.05$, 단측검증)를 보일 것이다.

5) 假說-5

실험집단(集團-1)의 처치가 완료되는 시점(時點-2)과 2개월간의 연속시행기간이 끝나는 시점(時點-3)의 BDI, HRSD, DAS의 평균 치는 時點-1과 時點-3의 평균치, 時點-1과 時點-2의 평균치보다 差異가 적을 것이다.

이상에 제시한 假說에 덧붙여, 연구자는 처치를 실시하기 전에 대상자가 실험에 적합한가의 여부를 결정하기 위한 요인으로서 研究質疑를 실시하였다. 질의내용은 다음과 같은 사항들을 포함하였다. 대상자의 나이, 性別, 學歷, 가족상황, 건강상태, 독서능력의 與否, 선호하는 독서자료의 종류, 생활의 만족도 및 불편함의 이유를 대상자 자신의 기록으로 보고하도록 하였다. 또한 우울증의 척도를 측정하기 위해 BDI, HRSD, DAS를 검사측정도구를 사용하여 처치의 필요성 여부를 결정하였다. 이상의 사항들을 실험효과에 대한 豫測變人들로서 영향을 주며, 연구자와 대상자의 면담횟수, 독서자료의 적합성, 대상자의 참여도, 대상자의 독서자료의 완독정도도 실험결과의 質的 效果를 증진시키는데 變人으로서 영향을 줄 수 있을 것이다.

B. 實驗對象者

독서요법을 시행하기 위한 대상자는 65세 이상의 노인들로 제한하며, 자발적인 참여를 원칙으로 한다. 지역사회의 노인들과 자유롭고 편안한 분위기에서의 접촉이 가능한 서울 소재 노인대학에 소속된 노인을 대상으로, 다음과 같은 조건에 부합되는 노인을 母集團으로 선정한다. 첫째, 21항목의 BDI의 점수가 10점 이상 되거나 둘째, 24항목의 HRSD의 점수가 7점 이상 되거나 혹은 셋째, 40항목의 DAS의 점수가 80점 이상 되는 사람을 대상으로 한다. BDI의 절단점수 10과 HRSD의 절단점수 7은 임상연구에서 경미한 우울증으로 판별되는 보편타당성 있는 점수이다. 마찬가지로 역기능사고에 대한 검사척도인

DAS의 점수 80점도 교정이 필요하다고 인정되는 점수이다.1)

　이상의 실험조건에 부합되는 대상자들로 독서요법을 실시하되 다음과 같은 사항에 해당되는 대상자는 제외된다. 첫째, 정신분열증적 우울증을 겪고 있는 사람, 둘째, 항정신제를 복용하고 있는 사람, 셋째, 망상적 장애가 있는 사람, 넷째, 심각한 신체적 질병을 앓고 사람들은 독서요법을 적용하는 경우에 오히려 더욱 병세를 악화시키거나 독서를 회피하여 치료의 효과가 나타나지 않으므로, 독서요법 시행대상자에서 제외한다. 위의 사항에 해당되는지의 여부는 시행 전에 실시하는 연구자와의 면담과 자기보고형 기록(연구질의, BDI, DAS)을 통해 파악이 가능하다. 만약 대상자가 항정신제 혹은 신경안정제를 복용하고 있는 경우에는, 독서요법의 시행시기보다 최소한 3개월 이전에 병증이 정상으로 회복되어 독서와 면담의 진행과정에 지장을 초래해서는 아니된다.

　독서요법의 시행에 앞서 노인들의 정서적 갈등과 우울증정서를 측정하기 위해서 대상자들로 하여금 자기보고형 척도표인 BDI, 관찰자평가형 척도표인 HRSD, 역기능 사고에 대한 자기보고형 척도표 DAS의 3가지 검사에 응하게 한다. 그리고 검사결과 적합대상자로 판별되는 경우에는, 연구자가 작성한 독서요법의 참여동의서에 서명하고 연구질의서에 응답하게 된다.

---

1) American Psychiatric Association. *Diagnostic and Statistic Manual of Mantal Disorders*, 3rd ed. Washington, D.C, American Psychiatric Association, 1980. pp. 40~52.

C. 實驗設計

集團의 數는 실험집단(集團-1)과 지연처치통제집단(集團-2)의 두 집단으로 하며, 集團-1은 상호 협력적 독서요법을 실시하고, 集團-2는 독자적 독서요법을 실시하였다. 실험기간은 時點-1, 時點-2, 時點-3의 3 시점으로 구분하여 진행하며, 시점간 간격은 時點-1과 時點-2가 2개월, 時點-2와 時點-3을 2개월로 하여 독서요법 시행의 총진행기간은 4 개월로 설정하였다. 集團-1은 時點-1과 時點-2의 기간 독서요법을 실시하며 時點-2와 時點-3의 기간에는 연속해서 독서를 실시하였다. 集團-2는 時點-1과 時點-2의 기간에는 독서요법을 실시하지 않고 時點-2와 時點-3의 기간에 독서요법을 실시하였다.

假說-1은 독서요법의 시행이전의 두 집단의 동질성에 대해 초점을 두고 있다. 時點-1은 실험집단(集團-1)과 지연처치통제집단(集團-2)이 모두 독서요법을 시행하기 이전의 시점이다. 두 집단에게 BDI, HRSD, DAS를 통한 검사를 실시하여 두 집단 간의 有意差를 統計的으로 분석하여 假說-1을 검증한다.

假說-2는 상호 협력적 독서요법의 효과에 대한 검증에 초점을 두고 있다. 時點-2는 실험집단(集團-1)이 독서요법처치가 완료되는 시점이며, 지연처치통제집단(集團-2)은 독서요법의 처치를 시작하는 시점이다. 假說-2를 검증하기 위해 時點-2에서 BDI, HRSD, DAS 검사를 두 집단에게 실시하여 검사결과의 統計的인 有意差를 분석하고 귀무가설의 기각여부(유의수준 0.05, 단측검증)를 결정함으로써 假說-2의 진위를 검증한다.

假說-3은 독자적 독서요법의 효과에 대한 검증에 초점을 두고 있다. 時點-3은 실험집단(集團-1)이 2개월간의 연속시행이 끝나는 시점이며, 동시에 지연처치통제집단(集團-2)이 독서요법의 처치가

완료되는 시점이다. 時點－3에서 지연처치통제집단(集團－2)에게
BDI, HRSD, DAS검사를 실시하여 時點－1, 時點－2와 時點－3 사
이의 統計的 有意差를 분석하여 귀무가설의 기각여부(유의수준 0.05,
단측검증)를 결정함으로써 假說－3을 검증한다.

假說－4는 상호 협력적 독서요법을 실시한 실험집단(集團－1)과
독자적 독서요법을 실시한 지연처치통제집단(集團－2)의 처치효과의
차이에 초점을 두고 있다. 처치가 모두 끝나는 時點－3에서 두 집단
에게 BDI, HRSD 및 DAS검사를 실시하여 두 집단 사이의 효과차
이가 統計的으로 有意한 差異(유의수준 0.05, 단측검증)로 나타나는
가를 결정하여 假說－4의 眞僞를 검증한다.

假說－5는 실험집단(集團－1)이 독서요법 시행이 완료되는 시점
(時點－2)과 2개월의 연속시행이 끝나는 시점(時點－3)의 차이가 時
點－1과 時點－3의 차이, 時點－1과 時點－2의 차이보다 유의한 차
이가 적을 것이라는 예측이다. 즉 독서요법을 실시한 기간의 시행효
과가 연속시행기간에 비해 현저히 클 것이라는 의미이다. 위의 가설
검증과정에서 분석된 결과로부터 假說－5에 대한 검증은 가능하다.

검증을 위한 통계처리는 필요에 따라 백분율, t－檢證 및 이원분산분
석(Two-way ANOVA: Two-way Analysis of Variance)을 사용하며,
귀무가설의 기각(제1종 과오)을 위해 假說－1, 假說－2, 假說－3 및 假
說－4의 有意度 水準은 5%로 설정하였다. ANOVA는 集團－1과 集團
－2와 時點－1, 時點－2와 時點－3을 포함하는 2 x 3(집단 x 시점) 要
因設計로 하여 BDI, HRSD 및 DAS검사결과를 개별적으로 對象間 要
因과 對象內 要因으로 분석하여, 집단과 시점에 따른 주효과 및 집단과
시점 간의 상호작용효과를 비교 분석하여 假說－2, 假說－3, 假說－4,
假說－5의 眞僞를 보충 검증한다.

D. 實驗節次

老人 들의 情緒的 갈등 및 憂鬱症 해소를 위한 독서요법을 실시하기 위해서 연구자는 서울시 소재 사회복지기관에 소속되어 있는 노인대학을 實驗場所로 하고, 1997년 3월 첫째 주에 첫 實驗對象者의 모임을 가졌다. 노인대학은 65세 이상 약 130명의 노인들이 참가하고 있었는데, 첫날 모이신 분들께 독서요법에 대한 취지와 목적, 진행과정 및 세부사항들을 설명 드리고, 강제성이나 의무성이 없으므로 되도록 편안한 마음으로 자원하시되, 자주 슬픔이나 우울한 기분을 느끼거나, 수면장애 혹은 식욕부진 등의 신체적 증상을 경험하는 분들에게는 특별히 참여를 권고하였다. 35명의 노인들이 독서요법반 참여를 지원하였으며, 이 분들을 대상으로 BDI, HRSD 및 DAS검사를 실시하여, 검사결과 25명(남자 5명, 여자 20명)의 노인들이 BDI 점수 10점, HRSD 점수 7점, DAS 점수 80점 이상의 경미한 우울증 및 부정적 사고를 가지고 있는 적합대상자로 판별되었다. 실험대상자들의 생활환경과 조건은 다음 <표 3>와 같다. 이 중 13명은 상호 협력적 독서요법시행(집단-1)의 대상자로, 나머지 12명은 독자적 독서요법시행(집단-2)의 대상자로 구분하되, 집단의 구분은 무작위로 하고, 집단구분에 대한 노인들의 이해를 도모하고자 충분한 대화를 가졌다. 대상자 모든 분들에게 독서요법의 참여 동의서에 서명을 부탁드리고, 연구질의서에도 성의껏 답변해 주실 것도 부탁하였다. 연구질의서의 답변을 중심으로 처치를 위한 대상자의 신상을 파악하고 <표 3참조>, 다음 주에 研究質疑書의 내용에 포함되어 있는 정보와 대상자들과의 대화내용을 참고로 독서자료를 선별하여 독서목록을 작성하고 이를 실험대상자들에게 배부하였다.

<표 3> 실험대상자들의 환경과 조건

	집단-1	집단-2	집단-3
사례수	13(52.0)	12(48.0)	25(100.0)
성별			
남	3(23.1)	2(16.7)	5(20.0)
여	10(76.9)	10(83.3)	20(80.0)
나이			
65-69	1(7.7)	2(16.7)	3(12.0)
70-74	6(46.2)	4(33.3)	10(40.0)
75-79	2(15.4)	4(33.3)	6(24.0)
80-84	4(30.8)	2(16.7)	6(24.0)
85세이상	0(0.0)	0(0.0)	0(0.0)
교육수준			
초등학교	6(46.2)	6(50.0)	12(48.0)
중학교	1(7.7)	3(25.0)	4(16.0)
고등학교	5(38.5)	3(25.0)	8(32.0)
대학이상	1(7.7)	0(0.0)	1(4.0)
동거가족수			
독거	3(23.1)	4(33.3)	7(28.0)
1명	2(15.4)	1(8.3)	3(12.0)
2명	2(15.4)	1(8.3)	3(12.0)
3명이상	6(46.2)	6(50.0)	12(48.0)
약물치료			
신체적질병	8(61.5)	9(75.0)	17(68.0)
정신적질병	0(0.0)	0(0.0)	0(0.0)
없음	5(38.5)	3(25.0)	8(32.0)
종교			
유	8(61.5)	10(83.3)	18(72.0)
무	5(38.5)	2(16.7)	7(38.0)

상호협력적 독서요법을 실시하는 집단-1은 3월 둘째 주부터 운영하였으며, 모임시간은 매주 화요일 1시 30분부터 약 90분씩 진행하였다. 진행시간 동안에는 독서중인 책의 내용에 대해 느낀 점과 현재 생활에 적용할 수 있는 점들에 관한 주제를 가지고 서로의 의견을 교환하고, 현재 대상자들이 갖고 있는 관심이나 문제해결방법 등에 대해 相談 및 集團討議를 하기도 하였다. 또한 정신건강에 도움이 되는 간단한 기사를 확대하여 같이 읽거나, 詩를 함께 낭송하기도 하였다. 매주 횟수가 거듭될수록 처음 경직되었던 분위기가 점차 완화되었고, 구성원 간의 친화감과 대화의 내용도 깊어졌으며, 연구자와의 관계에서도 더욱 우호적인 분위기가 조성되어갔다. 집단-1은 5월 첫째 주에 두 번째 BDI, HRSD, DAS검사를 실시하고, 2개월간의 1차 실시기간을 완료하였다.

5월 둘째 주 화요일에 독자적 독서요법을 실시하는 집단-2가 두 번째의 BDI, HRSD, DAS검사를 실시함과 동시에 독서요법을 시작하였으며, 집단-1과 동일한 독서목록을 배부하고, 대상자들이 원하는 도서를 개별적으로 신청 받았다. 5월 셋째 주에 신청 받은 도서를 배부하고, 독서가 끝난 후에 다음으로 원하는 도서를 다시 배부하였다. 집단-2는 진행시간을 30분 이내로 하고 노인들과는 주로 안부와 건강상태를 묻거나 독서과정에 발생되는 문제점 등에 대해 대화를 나누었으며 되도록 독서내용에 대한 討論이나 相談은 억제하였다. 집단-2는 7월 첫째 주에 다시 세 번째의 BDI, HRSD, DAS검사를 실시하고, 2개월간의 독자적 독서요법의 시행을 종료하였다. 집단-1도 2개월간의 연속시행기간을 마치고 다시 세 번째의 BDI, HRSD, DAS검사를 실시하였으며, 이로써 4개월간에 걸친 두 집단의 독서요법을 완료하였다.

老人들을 대상으로 하는 독서요법의 실시에 있어서 문제점으로 나타났던 점은, 視力減退로 인한 불편함이었으며, 그러한 분들에게는 되도록 활자가 큰 도서를 권해드리고, 두께가 얇은 도서일 경우에는 책을 확대 복사하여 배부하였다. 시행기간 중에 개인적인 사정 혹은 건강의 악화로 인해 3명이 이탈하였는데, 그 중 1명은 집단-1에서, 2명은 집단-2에서 탈락하였다. 이에 대한 구체적인 내용은 <표 4>와 같다.

<표 4> 시점별 평가 완료자 및 이탈자

시점 \ 집단	집단-1 (n=13)	집단-2 (n=12)	합계 (n=25)
시점-1 평가완료자	13	12	25
시점-2 평가완료자	12	11	23
이탈자	1	1	2
시점-3 평가완료자	12	10	22
이탈자	0	1	1
총이탈자	1	2	3
최종평가완료자	12	10	22

본 연구를 위해 사용한 讀書資料는 제3장에서 기술한 選定基準에 의하여 건강, 고독, 우울증, 죽음, 종교, 사회활동 등의 주제에 관해 문제해결을 위해 도움을 줄 수 있는 도서를 중심으로 선정하였으며, 독서의 재미와 다양성을 고려하여 독서자료의 장르는 소설류와 수필, 詩, 만화, 自助書(self-help book)등을 포함하는 비소설류를 함께 혼합하고, 종교적 측면을 고려하여 종교서적과 비종교서적을 겸하여 20권의 도서를 선정하였다. 선정된 독서자료의 저자명. 서명, 출판사 항들은 다음의 <표 5>와 같다. 또한 독서자료의 내용요약은 附錄에 별도로 첨부하였다.

<표 5> 讀書資料 目錄

	저 자	서 명	출 판 사 항
시	예반	누군가에게 무엇이 되어	서울: 대흥출판사, 1996
	천상병	아름다운이 세상 소풍끝내는 날	서울: 미래사, 1991
	김현옥	제가 마음에 드신다면	서울: 바오로 딸, 1994
수 필	스콧데著 고성미譯	세상에서 가장 따듯한 조언	서울: 창해, 1997
	박삼중	스님 굴비맛보셨습니까	서울: 산미디어, 1997
	이창훈	사랑하는 사람에게 주고 싶은 책	서울: 오늘의 책, 1997
	지병루	인생의 반은 만나는 거래, 나머지 반은 헤어지는 거래	서울: 고려문화사, 1996
	폴트루니에 著, 한준석 譯	인생의 네 계절	서울: 종로서적, 1980
自 助 書	에르링루드 著, 박성호 譯	노년을 풍성하게 하시는 하나님	서울: 아가페, 1995
	윈동연	DY 건경법	대전: 대덕교육출판, 1995
	이상일	치매! 빨리 알면 쉬워요	서울 동학사, 1997
	인도주의 실천주의	꼭 알아야 할 건강상식 105	서울: 한울출판사, 1996
만 화	트위스키 著, 최한림 譯	좋은 것부터 시작하자	서울: 미래사, 1997
소 설	박완서	한 말씀만 하소서	서울: 솔 출판사, 1994
	안도현	연어	서울 문학동네, 1996
	이청준	놀부는 선생이 많다	서울: 파랑새, 1996
	이청준	흰옷	서울: 열림원, 1994
	헤르만헤세 著 이영재 譯	들꽃	서울: 박우사, 1996
기 타	이숙녀	한 알의 밀이 땅에 떨어져	서울: 임마누엘, 1996
	잭캔필드 著 류시화 譯	마음을 열어주는 101가지 이야기	서울: 이레, 1996

V. 데이터 分析 및 結果

A. 데이터 分析

본 독서요법의 실험결과를 분석하기 위한 소프트웨어로써 통계패키지SPSS(Statistical Package for the Social Science)를 사용하였으며, 분석 방법으로서 t－檢證 및 2×3 要因設計로 Two way ANOVA 검증을 실시하였다.

t－검증은 BDI, HRSD 및 DAS 점수의 결과를 평균치(M), 표준편차(SD), 단측검증의 p－값 및 t－값을 산출하여 분석함으로써 가설검증에 사용하고, two way ANOVA 요인검증은 각 집단과 시점을 獨立變人으로 하고 집단과 시점 간의 상호작용을 從屬變人하여 집단과 시점에 따른 주효과와 집단과 시점 간의 상호작용효과를 비교 분석하는 데 사용하였다.

1) 時點－1에서 실험집단과 지연처치통제집단의 검사척도표의 결과비교

독서요법을 실시하기 이전의 시점(時點－1)에서 집단－1과 집단－2의 BDI, HRSLD 및DAS검사척도표의 점수결과를 평균치(M), 표준편차(SD), 단측검증의 p－값 및 t－값을 산출하여 有意差를 제시하면 다음 <표 6>와 같다.

<표 6> 時點-1에서 集團-1과 集團-2의 검사결과

	時點 -1	
	집단-1 (n=12)	집단-2 (n=10)
Measures		
BDI		
M	12.50	12.20
SD	1.883	1.687
SE	.544	.533

t: .39 p:.701 MD:.300 CI:-1.306, 1.906

HRSD		
M	10.75	11.40
SD	1.765	1.265
SE	.509	.400

t: -.97 p: .342 MD: .3667 CI: -2.043, .743

DAS		
M	104.667	104.30
SD	13.614	16.405
SE	3.930	5.188

t: .06 p: .955 MD: -.650 CI: -12.975, 13.709

    <표 6>에서 제시하고 있는 바와 같이 독서요법을 실시하기 전 시점-1에서 집단-1과 집단-2의 BDI 검사의 점수에서 평균치(M)는 집단-1이 12.50, 집단-2가 12.20이며, 표준편차(SD)는 집단-1은 1.883, 집단-2는 1.687이며, 표준오차(SE)는 집단-1이 0.544, 집단-2는 0.533으로 나타났다. 두 집단 간의 단측검증(one-tailed analysis) p 값은 0.701로서 유의수준 0.05보다 크므로 유의한 차이를 보이지 않았으며, t 값도 0.39로 귀무가설의 임계치 ±2.086보다 작아 유의한 차이를 보이지 않았다. 그러므로 두 집단 간의 BDI점수에서는 통계적인 有意差를 나타내지 않고 있다. HRSD 검사의 점수에서 평균치(M)는 집단-1이 10.75이며, 집단-2는 11.40이고, 표준편차(SD)는 집단-1은 1.765, 집단-2는 1.265이며, 표준오차(SE)는 집단-1은 0.509 집단-2는 0.400으로 나타났다. 두 집단간의 단측검증 p 값은 0.342로 유의수준 0.05보다 크므로 유의한 차이를 보이지 않았으며, t 값도 -0.97로 귀무가설의 임계치 ±2.086보다 크므로 유의한 차이를 보이지 않았다. 그러므로 두 집단간의 HRSD의 점수에서는 통계적으로 유의한 차이를 보이지 않았다. DAS검사의 점수에서 평균치(M)는 집단-1이 104.667, 집단-2는 104.30이며, 표준편차(SD)는 집단-1이 13.614, 집단-2는 16.405이며, 표준오차(SE)는 집단-1이 3.930, 집단-2는 5.188로 나타났다. 두 집단간의 단측검증 p 값은 0.955로 유의수준 0.05보다 크므로 유의한 차이를 보이지 않았으며, t 값도 0.06으로 귀무가설의 임계치 ±2.086보다 작아 유의한 차이를 보이지 않았다. 그러므로 DAS점수에서도 두 집단 간의 統計的인 有意差는 보이지 않았다.

    결과적으로 위의 <표 6>에서 나타난 바와 같이 BDI, HRSD 및 DAS의 모든 검사척도표에 의한 점수결과에서 두 집단 간의 통계적인 유의차를 보이지 않았다. 따라서 독서요법을 실시하기 이전의 실험집단과 지연처치 통제집단 간의 검사결과에는 유의한 차이(p<0.05)가 없으므로 두 집단의 同質性이 입증되었으며 가설-1은 수용되었다고 할 수 있다.

<표 7> 時點－2에서 集團－1과 集團－2의 검사결과

	時點 －2	
	집단-1 (n＝12)	집단-2 (n＝10)
Measures		
BDI		
M	7.00	12.00
SD	1.758	1.826
SE	.508	.577

t: .-6.53 p:..000   MD:. -5.000   CI: -6.598, -3.402

HRSD		
M	4.833	11.40
SD	1.337	1.838
SE	.386	.581

t: －.9.69 p: ..000 MD: .-6.567   CI: －7.980, -5.153

DAS		
M	78.50	103.900
SD	7.090	16.224
SE	2.047	5.130

t: -4.91 p: .000 MD: －25.400   CI: －36.198, -14.602

2) 時點-2에서 실험집단과 지연처치통제집단의 검사척도표 의 결과비교

集團-1(실험집단)의 독서요법실시가 완료되는 시점(時點-2)에서 실험집단과 지연처치 통제집단의 BDI, HRSD 및 DAS검사척도표의 점수결과를 평균치(M), 표준편차(SD), 단측검증의 p-값 및 t-값을 산출하여 유의차를 제시하면 다음의 <표 7>과 같다.

<표 7>에서 제시하고 있는 바와 같이 실험집단(集團-1)이 독서요 법을 완료하는 시점(時點-2)에서 集團-1과 集團-2의 BDI검사에서 점수의 평균치(M)는 集團-1이 7.00, 集團-2는 12.00으로 나타났으 며, 표준편차(SD)는 집단-1이 1.758, 집단-2는 1.826이며, 표준오차 (SE)는 집단-1이 0.508, 집단-2는 0.577로 나타났다. 集團-1과 集 團-2사이의 단측검증 p-값은 0.000으로 유의수준 0.05보다 작으므 로 유의한 차이를 보였으며, t-값도 -6.53로서 귀무가설의 임계치 ±2.086보다 크므로 유의한 차이를 나타내었다. 그러므로 時點-2의 BDI검사에서 집단-1과 집단-2의 점수결과는 유의차를 나타내어 실 험집단은 독서요법으로 인한 효과가 현저히 나타났다고 할 수 있다. 또한 집단-1과 집단-2의 HRSD검사에서 점수의 평균치(M)는 집단 -1이 4.833, 집단-2가 11.40으로 나타났으며, 표준편차(SD)는 집단 -1이 1.337, 집단-2가 1.838로 나타났고, 표준오차(SE)는 집단-1이 .386, 집단-2는 .581로 나타났다. 집단-1과 집단-2사이의 단측검증 p 값은 .000으로 나타나 유의수준 0.05보다 작아 유의한 차이를 보였 으며, t 값도 -9.69로서 귀무가설의 임계치 ±2.086보다 크므로 유의 차를 나타내었다. 그러므로 시점-2의 HRSD검사에서도 집단-1과 집 단-2의 점수결과는 유의한 차이를 나타내어 실험집단은 독서요법의 처치로 인한 효과가 현저히 나타났다고 할 수 있다. DAS검사에서 평 균치(M)는 집단-1은 78.50, 집단-2는 103.90으로 나타났고, 표준편 차(SD)는 집단-1은 7.090, 집단-2는 16.224로 나타났고, 표준오차

(SE)는 집단-1이 2.047, 집단-2가 5.130으로 나타났다. 집단-1과 집단-2사이의 단측검증 p 값은 0.000으로 산출되어 유의수준 0.05보다 작으므로 유의한 차이를 보였고, t 값도 -4.91로서 귀무가설의 임계치 ±2.086보다 크므로 유의한 차이를 나타내었다. 그러므로 시점-2의 DAS검사에서도 집단-1과 집단-2의 점수결과는 유의한 차이를 나타내어 실험집단은 독서요법의 처치로 인한 효과를 나타내었다.

이상의 결과에서 나타난 바와 같이 실험집단이 독서요법을 완료한 시점(時點-2)에서 실험집단(集團-1)과 아직 독서요법을 실시하지 않은 지연처치통제집단(集團-2)사이에 BDI, HRSD, DAS검사의 모든 결과는 통계적인 유의차를 보였다. 따라서 독서요법의 효과를 검증하는 가설-2는 수용되었다고 할 수 있다.

3) 時點-3에서 실험집단과 지연처치통제집단의 검사척도표의 결과비교

실험집단(集團-1)과 지연처치 통제집단(集團-2)이 모두 독서요법을 완료하는 시점(時點-3)에서 두 집단의 BDI, HRSD 및 DAS 검사척도표의 점수결과를 평균치(M), 표준편차(SD), 단측검증의 p-값 및 t-값을 산출하여 有意差를 제시하면 다음의 <표 8>과 같다.

<표 8>에서 제시하고 있는 바와 같이 실험집단과 지연처치 통제집단이 모두 독서요법을 완료하는 시점(時點-3)에서 BDI검사결과의 평균치(M)는 집단-1이 6.583, 집단-2가 9.700으로 나타났으며, 표준편차(SD)는 집단-1이 1.975, 집단-2가 1.767로 나타났고, 표준오차(SE)는 집단-1이 0.570, 집단-2가 0.559로 나타났다. 집단-1과 집단-2사이의 단측검증 p 값은 0.001로 0.05보다 작아 유의한 차이를 보였으며, t 값은 -3.86으로 귀무가설의 임계치 ±2.086보다 크므로 두 집단사이의 유의한 차이가 있는 것으로 나타났다.

그러므로 시점-3의 BDI검사는 집단-1과 집단-2사이에서 유의한 차이를 보여 상호 협력적 독서요법을 실시한 실험집단이 독자적 독서요법을 실시한 지연처치통제집단에 비해 독서요법의 효과가 컸다고 할 수 있다. HRSD검사결과의 평균치(M)는 집단-1이 5.00, 집단-2는 8.00로 나타났고, 표준편차(SD)는 집단-1이 1.414, 집단-2는 2.108으로 나타났으며, 표준오차(SE)는 집단-1이 0.408, 집단-2가 0.667로 나타났다. 두 집단사이의 양측검증 p 값은 0.001은 유의수준 0.05보다 작아 유의한 차이를 보였으며, t 값은 -3.98로 귀무가설의 임계치 ±2.086보다 크므로 유의한 차이를 나타내었다. 그러므로 시점-3의 HRSD검사는 집단-1과 집단-2사이에서 유의한 차이를 보여 상호 협력적 독서요법을 실시한 실험집단이 독자적 독서요법을 실시한 지연처치 통제집단에 비해 독서요법의 효과가 컸다고 할 수 있다. 두 집단의 DAS검사결과의 평균치(M)는 집단-1이 75.167, 집단-2는 75.700로 나타났고, 표준편차(SD)는 집단-1이 6.464, 집단-2는 8.654로 나타났고, 표준오차(SE)는 집단-1이 1.866, 집단-2가 2.737로 나타났다. 두 집단사이의 단측검증 p 값은 0.870으로 유의수준 0.05보다 크므로 유의한 차이를 보이지 않았다. 또한 t 값은 -0.17로 귀무가설의 임계치 ±2.086보다 적게 산출되어 두 집단 간의 유의차를 보이지 않았다. 그러므로 시점-3의 DAS검사는 집단-1과 집단-2사이에서 유의차를 보이지 않았으므로 상호 협력적 독서요법을 실시한 실험집단과 독자적 독서요법을 실시한 지연처치 통제집단의 독서요법의 효과에서 별 차이가 없었음을 볼 수 있다.

이상에서 설명한 바와 같이 독서요법이 모두 완료된 시점-3에서 집단-1과 집단-2의 BDI와 HRSD검사결과에서는 상호 협력적 독서요법이 독자적 독서요법보다 효과가 있음을 보여 주었으며, DAS검사결과에서는 상호 협력적 독서요법과 독자적 독서요법사이의 효과가 별 차이가 없음을 보여주고 있다. 따라서 가설-4에서 설정된 내용에서 67%만 검증이 되었으며, 나머지 33%는 귀무가설을 기각할 수 없음을 나타내고 있다.

<표 8> 時點－2에서 集團－1과 集團－2의 검사결과

| Measures | 時點 －3 | |
	집단-1 (n＝12)	집단-2 (n＝10)
BDI		
M	6.583	9.700
SD	1.975	1.767
SE	.570	.559
t: .-3.86 p:..001 MD:. -3.1167 CI: -4.800, -1.433		
HRSD		
M	5.000	8.000
SD	1.414	2.108
SE	.408	.667
t: -3.98 p: ..001 MD: .-3.000 CI: -4.573, -1.427		
DAS		
M	75.167	75.700
SD	6.464	8.654
SE	1.866	2.737
t: -17 p: .870 MD: $-.5333$ CI: -7.260, 6.193		

4) 集團－2의 독서요법 시행전과 시행후의 검사척도표 결과 비교

독서요법이 완료되는 시점(時點－3)에서 독자적 독서요법을 실시하는 지연처치 통제집단(集團－2)의 시행전과 시행후의 독서요법 효과를 분석하기 위해 BDI, HRSD 및 DAS검사결과를 다음의 <표 9>과 같이 비교하였다.

<표 9>에서 나타난 바와 같이 독자적 독서요법을 실시한 집단－2의 시점－2와 시점－3사이의 BDI검사결과의 평균치(M)는 시점－2에서 12.00, 시점－3에서 9.70으로 나타나 점수차이를 나타냈으며, 표준편차(SD)는 시점－2에서 1.826, 시점－3에서 1.767로 나타났고, 표준오차(SE)는 시점－2에서 0.577, 시점－3에서 0.559로 나타났다. 두 시점사이의 p 값은 0.010으로 귀무가설의 유의수준 0.05보다 작아 유의한 차이를 보였으며, t 값도 2.86으로 귀무가설의 임계치 ±2.101보다 크므로 유의한 차이가 있는 것으로 나타났다. 그러므로 집단－2의 독서요법 처치 前과 처치 後의 BDI점수에는 유의차가 있으므로 귀무가설을 기각할 수 있다. 또한 HRSD검사결과의 평균치(M)는 시점－2에서 11.40, 시점－3에서 8.00으로 점수차이를 나타냈으며, 표준편차(SD)는 시점－2에서 1.838, 시점－3에서 2.108로 나타났고, 표준오차(SE)는 시점－2에서 0.581, 시점－3에서 0.667로 나타났다. 두 시점 간의 단측검증 p 값은 0.001로 귀무가설의 유의수준 0.05보다 작아 유의한 차이를 보였으며, t 값도 3.84로 귀무가설의 임계치 ±2.101보다 크므로 유의한 차이가 있는 것으로 나타났다. 그러므로 집단－2의 독서요법 처치 前과 처치 後의 HRSD 점수에는 유의차가 있으므로 귀무가설을 기각할 수 있다. DAS검사결과의 평균치(M)는 시점－2에서 103.90, 시점－3에서 75.70으로 나타나 현저한 점수 차이를 보였으며, 표준편차(SD)는 시점－2에서 16.224, 시점－3에서 8.654로 나타났고, 표준오차(SE)는 시점－2에

서 5.130, 시점-3에서 2.737로 나타났다. 두 시점 간의 단측검증 p
값은 0.000으로 귀무가설의 유의수준 0.05보다 작아 유의차가 있음
을 보였고, t 값도 4.85로 귀무가설의 임계치 ±2.101보다 크므로 유
의한 차이가 있는 것으로 나타났다. 그러므로 집단-2의 독서요법
처치 전과 처치 후의 DAS 점수에는 유의차가 있으므로 귀무가설을
기각할 수 있다.

이상에서 설명한 바와 같이 독자적 독서요법을 실시한 집단-2의
독서요법처치 前과 처치 後의 BDI, HRSD 및 DAS검사에서 모두
유의한 차이를 보여 독서요법의 효과가 나타났음을 알 수 있다. 따
라서 집단-2의 독자적 독서요법의 효과를 검증하는 가설-3은 수
용되었다고 결론을 내릴 수 있다.

5) 集團-1과 集團-2의 시점 간 독서요법의 효과비교

상호 협력적 독서요법을 실시하는 집단-1은 시점-1에서 처치를
시작하여 시점-2에서 완료하고, 시점-2와 시점-3사이에는 2개월
간의 연속시행을 실시한다. 그러므로 연속시행기간인 시점-2와 시
점-3사이의 BDI, HRSD 및 DAS검사결과는 독서요법 처치 前인
시점-1과 처치 後인 시점-2사이의 검사결과와 시점-1과 시점-3
의 검사결과보다 평균치(M)에서 낮은 점수를 보일 것이라고 예측된
다. 각 시점의 BDI, HRSD 및 DAS검사의 점수와 시점 간의 평균
치 차이(Mean Difference)는 다음의 <표 10>과 같다.

<표 9> 集團-2에서 時點-2과 時點-3의 검사결과

	집단 -2	
	시점-2 (처치 전)	시점-3 (처치 후)
Measures		
BDI		
M	12.00	9.700
SD	1.826	1.767
SE	.577	.559
	t: .-2.86 p:..010 MD:. 2.3000 CI: .612, 3.988	
HRSD		
M	11.40	8.000
SD	1.838	2.108
SE	.581	.667
	t: 3.84 p: ..001 MD: .3.400 CI: 1.541, 5.259	
DAS		
M	103.90	75.700
SD	16.224	8.654
SE	5.130	2.737
	t: 4.85 p: .000 MD: 28.200 CI: 15.981, 40.419	

<표 10> 集團-1의 시점 간 검사척도표의 결과비교

集團-1
(n=12)

	BDI	HRSD	DAS
시점-1	12.500	10.750	104.667
시점-2	7.000	4.833	78.500
MD	5.500	5.917	26.167
시점-2	7.000	4.833	78.500
시점-3	6.583	5.000	75.167
MD	.417	-.167	3.333
시점-1	12.500	10.750	104.667
시점-3	6.583	5.000	75.167
MD	5.917	5.750	29.500

위의 <표 10>에서 제시한 바와 같이 집단-1은 각기 세 시점에서 BDI, HRSD 및 DAS 점수에서 차이를 보이고 있다. 각 시점 간의 BDI검사결과의 평균치 차이(MD)를 살펴보면, 시점-1과 시점-2에서는 5.500, 시점-2와 시점-3에서는 0.417, 시점-1과 시점-3에서는 5.917로 나타나 시점-1과 시점-3의 평균치 차이(MD)가 가장 크고, 다음으로 시점-1과 시점-2이며, 가장 평균치차이가 적은 시점간은 시점-2와 시점-3으로 나타났다. HRSD검사결과의 평균치 차이(MD)를 살펴보면, 시점-1과 시점-2에서는 5.917, 시점-2와 시점-3에서는 -0.167, 시점-1과 시점-3에서는 5.750으로 나타나 평균치 차이(MD)가 큰 순서로는 시점-1과 시점-2, 다음으로 시점-1과 시점-3이며, 시점-2와 시점-3에서는 가장 근소한 차이를 보였다. 또한 DAS검사결과의 평균치 차이(MD)를 살펴보면, 시점-1과 시점-2사이에서는 26.167, 시점-2와 시점-3에서는 3.333, 그

리고 시점-1과 시점-3에서는 29.500으로 나타나 평균치 차이(MD)가 큰 순서로는 시점-1과 시점-3, 다음으로 시점-1과 시점-3이며, 시점-2와 시점-3에서 가장 근소한 차이를 보였다.

이상의 설명에서 보면 집단-1의 BDI, HRSD 및 DAS검사의 각 시점 간의 평균치 차이(MD)는 공통적으로 시점-2와 시점-3간의 차이가 시점-1과 시점-2, 시점-1과 시점-3간의 차이보다 작았음을 알 수 있다. 따라서 집단-1의 연속시행 기간에서는 독서요법을 처음 시행하여 완료한 기간에 비해 효과의 차이가 근소하여 가설-5가 검증되었다고 할 수 있다.

또한 독자적 독서요법을 실시한 집단-2의 시점 간 검사결과의 평균치(M)와 평균치 차이(MD)를 비교하면 다음의 <표 11>과 같다.

<표 11>에서 제시하고 있는 바와 같이 집단-2의 각 시점 간 BDI, HRSD 및 DAS검사에서 평균치(M)와 평균치 차이(MD)는 차이를 나타내고 있다. 각 시점 간의 BDI검사의 평균치 차이(MD)는 시점-1과 시점-2에서는 0.200, 시점-2와 시점-3에서는 2.300, 시점-1과 시점-3에서는 2.500을 보이고 있어, 독서요법을 실시하지 않은 시점-1과 시점-2사이에서는 별 차이를 나타내지 않고 독서요법을 실시한 시점-2부터 완료한 시점-3에서 평균치 차이(MD)의 현저한 차이를 알 수 있다. HRSD검사의 평균치 차이(MD)는 시점-1과 시점-2에서는 0.00으로 아무런 차이가 없었으며, 시점-2와 시점-3에서는 3.400, 시점-1과 시점-3에서는 3.400으로 나타났다. 또한 DAS검사의 평균치 차이(MD)는 시점-1과 시점-2에서는 0.400, 시점-2와 시점-3에서는 28.200, 시점-1과 시점-3에서는 28.700으로 나타나 시점-1과 시점-3의 차이가 가장 크고 시점-1과 시점-2의 차이에는 별 다른 차이가 없음을 알 수 있다.

<표 11> 集團-2의 시점 간 검사척도표의 결과비교

集團-2
(n=12)

	BDI	HRSD	DAS
시점-1	12.200	11.400	104.300
시점-2	12.000	11.433	103.900
MD	.200	.000	.400
시점-2	12.000	11.400	103.900
시점-3	9.700	8.000	75.700
MD	2.300	3.400	28.200
시점-1	12.200	11.400	104.300
시점-3	9.700	8.000	75.700
MD	2.500	3.400	28.700

이상의 설명을 바탕으로 독자적 독서요법을 실시한 집단-2는 시작한 시점부터 완료된 시점사이에서 BDI, HRSD 및 DAS의 모든 검사결과에서 평균치 차이(MD)를 현저히 나타나 독자적 독서요법의 효과가 있었음을 알 수 있다.

6) 검사척도표별 독서요법의 효과비교

본 실험연구에 사용된 검사척도표인 BDI, HRSD 및 DAS 각각의 척도표별 독서요법의 효과분석은 2 x 3 요인설계를 통한 이원분산분석(Two-way Analysis of Variance) 방법을 사용하였으며 集團과 時點의 獨立變人에 대한 主效果 및 集團과 時點의 相互效果를 검증하였다. BDI의 이원분산분석의 결과는 다음의 <표 12>에서 제시하고 있다.

<표 12> BDI의 이원분산분석 결과표
* * * Analysis of Variance for BDI * * *

분산원 (Source of Variation)	자승합 (Sum of Square)	자유도 (DF)	평균자승 (Mean Square)	F
주효과	312.383	3	104.128	31.298
집단	111.091	1	111.091	33.391
시점	201.292	2	100.646	30.252
상호작용효과	78.746	2	39.373	11.835
집단 x 시점 (2 x 3)	78.746	2	39.373	11.835
오차분산	199.617	60	3.327	
전체	611.030	65	9.400	

위의 <표 12>에서와 같이 BDI척도표의 검사결과에서 集團別 主效果에서는 f 값이 33.391로 나타나 귀무가설의 임계치 f 값 4.00을 초과하므로 집단에 대한 유의차를 보이고 있으며, 시점별 주효과에서 f 값은 100.646으로 귀무가설의 임계치 f 값 3.15를 초과하여 시점에 대한 유의차가 있음을 나타내고 있다. 또한 집단과 시점의 주효과를 제거한 집단과 시점의 相互作用效果의 f 값은 11.835로 귀무가설의 임계치 f 값 3.15를 초과하여 역시 집단과 시점의 상호작용효과도 유의차를 보이고 있다. 즉 BDI검사결과에서는 집단과 시점의 주효과와 상호작용효과가 동시에 존재한다고 볼 수 있으나, 상호작용효과에 비해 집단과 시점의 주효과가 월등히 크게 영향을 준다는 것을 알 수 있다.

다음으로 HRSD검사척도표의 이원분산분석의 결과는 다음 <표 13>과 같다.

<표 13> HRSD의 이원분산분석 결과표
* * * Analysis of Variance for HRSD * * *

분산원 (Source of Variation)	자승합 (Sum of Square)	자유도 (DF)	평균자승 (Mean Square)	F
주효과	424.662	3	141.554	52.846
집단	189.782	1	189.782	70.851
시점	234.880	2	117.440	43.844
상호작용효과	96.819	2	48.410	18.073
집단 x 시점 (2 x 3)	96.819	2	48.410	18.073
오차분산	160.717	60	2.679	
전체	699.955	65	10.769	

위의 <표 13>에서와 같이 HRSD검사결과에서 集團의 主效果는 f 값이 52.846으로 산출되어 귀무가설의 임계치 f 값 4.00을 초과하여 유의차가 있음을 보여주고 있으며, 時點의 主效果도 f 값 70.851으로 나타나 귀무가설의 임계치 f 값 3.15를 초과하여 유의차를 보여주고 있다. 집단과 시점의 상호작용효과에서도 f 값 18.073으로 나타나 귀무가설의 임계치 f 값 3.15를 초과하여 유의한 차이를 보이고 있다. 따라서 HRSD척도표의 검사결과에서도 집단과 시점별 주효과에서 유의도를 보이고 있으며, 상호작용효과에서도 유의도를 보이고 있으나, 상호작용효과보다는 집단과 시점의 주효과가 월등히 작용하고 있음을 알 수 있다.

다음으로 DAS검사척도표의 이원분산분석의 결과는 다음 <표 14>와 같다.

<표 14> DAS의 이원분산분석 결과표

* * * Analysis of Variance for DAS * * *

분산원 (Source of Variation)	자승합 (Sum of Square)	자유도 (DF)	평균자승 (Mean Square)	F
주효과	10417.097	3	3472.366	24.464
집단	1188.463	1	1188.463	8.373
시점	9228.634	2	4614.317	32.509
상호작용효과	2332.877	2	1166.438	8.218
집단 x 시점 (2 x 3)	2332.877	2	1166.438	8.218
오차	8516.433	60	141.941	
전체	21346.985	65	328.415	

위의 <표 14>에서 나타난 바와 같이 DAS검사결과에서 集團의 主效果는 f 값이 8.373으로 산출되어 귀무가설의 임계치 f 값 4.00 을 초과하여 유의차가 있음을 보여주고 있으며, 시점의 주효과도 f 값 32.509로 귀무가설의 임계치 f 값 3.15을 초과하여 유의차를 보여주고 있다. 집단과 시점의 相互作用效果에서도 f 값 8.218로 산출되어 귀무가설의 임계치 f 값 3.15을 초과하므로 유의한 차이가 있다고 할 수 있다. 따라서 DAS척도표의 검사결과에서도 집단과 시점별 주효과에서 유의한 차이를 보이고 있으며, 상호작용효과에서도 유의한 차이를 보이고 있으나, 상호작용효과보다는 집단과 시점의 주효과가 크며, 특히 시점별 주효과가 월등히 작용하고 있음을 보여주고 있다.

이상의 설명을 종합하여 보면, 검사척도표별 2 x 3 요인설계에 의한 이원분산분석(Two-way ANOVA)결과 BDI, HRSD 및 DAS검사에서 집단과 시점의 두 가지 주효과와 집단과 시점사이의 상호작용효과가 모두 유의한 차이가 있었으나, 상호작용효과보다는 집단효과와 시점효과의 두 가지 주효과가 월등하게 나타났다.

다음으로 主效果와 相互作用效果를 두 要因으로 하여 독서요법의 시행효과를 분석하기 위해, 검사척도표별로 시점을 독립변인으로서 가로축(X 좌표)으로 하고 검사점수의 평균치를 종속변인으로서 세로축(Y 좌표)으로 하여 주효과와 상호작용효과를 그래프로 표시하면 다음의 (그림 1 ,2, 3)과 같다.

위의 (그림 1)에서와 같이 從屬變人은 Y좌표로 하고 獨立變人의 기준을 X좌표로 한 BDI검사결과를 보면 두 독립변인 즉 두 집단의 선이 교차하는 것으로 보아 집단과 시점의 상호작용효과가 존재하고 있으며, 상호작용효과는 시점-1을 기준으로 집단사이에서 작용하고 있다는 것을 알 수 있다. 또한 (그림 2)의 HRSD검사결과를 살펴보면 두 집단의 선이 교차하지는 않지만 평행을 이루지 않고 있으므로 역시 상호작용효과가 시점-1과 시점-2사이에 존재하며, (그림 3)의 DAS검사결과에서도 역시 시점-1을 기준으로 두 집단의 선이 서로 교차하여 상호작용효과가 존재하고 있음을 보여주고 있다. 즉 시점-1과 시점-2사이에서 3가지 검사척도표의 점수결과에 상호작용효과를 일으키는 주요 요인이 있으며, 그 이유는 독서요법의 처치를 집단-1은 시점-1에서, 집단-2는 시점-2에서 시작하여 그 효과가 시점별로 큰 차이를 보였기 때문이라고 분석된다.

(그림 1) BDI검사에 의한 集團과 時點別 效果

BDI-M

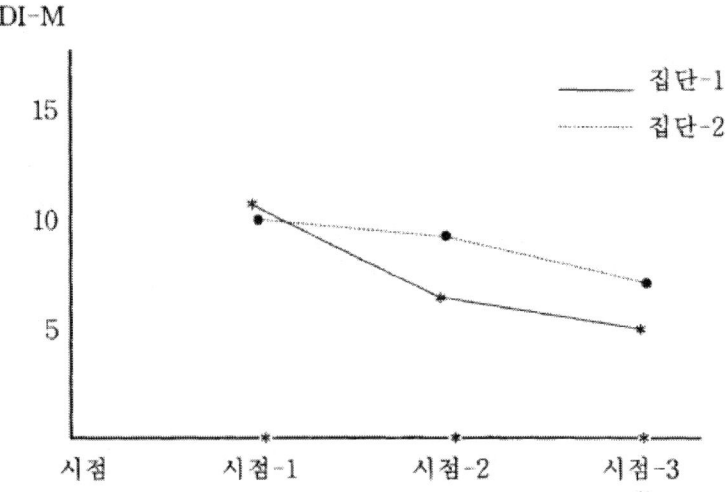

(그림 2) HRSD검사에 의한 集團과 時點別 效果

HRSD-M

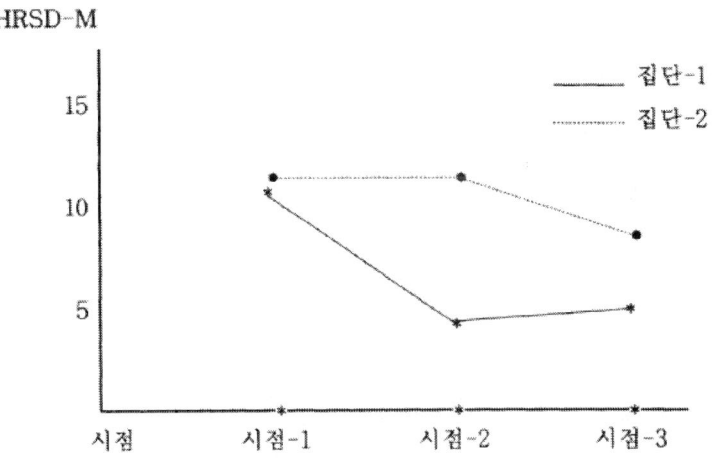

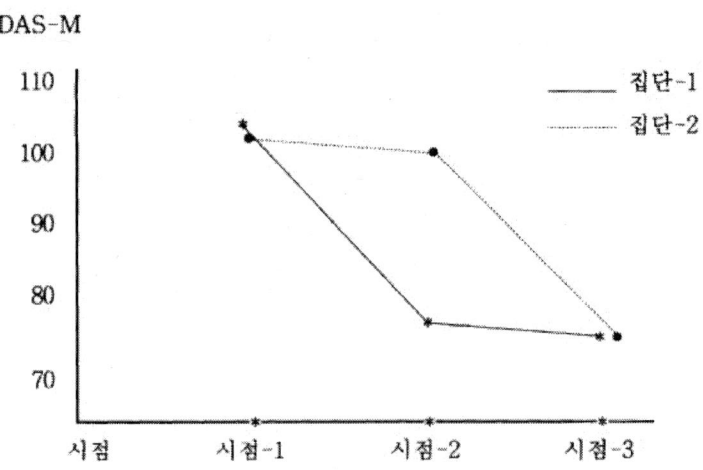

(그림 3) DAS검사에 의한 集團과 時點別 效果

7) 對象者別 讀書療法의 效果

독서요법은 집단-1의 12명, 집단-2의 10명을 대상으로 4개월 동안 실시하여 완료되었다. 전체 22명을 대상으로 실험한 독서요법의 효과를 검증하기 위해 설정된 가설 1-5 이외에도 부수적으로 얻어진 실험결과로서 실험집단과 지연처치 통제집단의 개별적인 처치효과를 분석하면 다음 <표 15>와 같다.

아래의 <표 15>에서 나타난 바와 같이 각 검사척도표별 개별적인 독서요법 시행 전과 시행 후의 변화에는 차이를 보이고 있다. 상호 협력적 독서요법을 실시한 집단-1에서, 사례 1의 경우 BDI검사에서는 6점, HRSD검사에서는 5점, DAS검사에서는 24점, 전체 35점으로 향상된 반응을 보이고 있으며, 사례 2의 경우에는 BDI 6점, HRSD 5점, DAS 19점으로 모두 30점의 비교적 향상된 점수를 보이고 있고, 사례 3의 경우에는 BDI 1점, HRSD 5점, DAS 24점으로 전체 30점의 점수를 보이고 있고, 사례 4의 경우에는 BDI 1점,

HRSD 5점, DAS 34점의 전체 41점으로 부정적 사고가 많이 향상된 것으로 나타났고, 사례 5의 경우에는 BDI 3점, HRSD 2점, DAS 19점으로 전체 24점의 향상을 보이고 있다. 사례 6의 경우에는 BDI 6점, HRSD 8점, DAS 44점으로 전체 58점의 높은 향상을 보이고 있으며, 사례 7의 경우에는 BDI 7점, HRSD 8점, DAS 41점으로 전체 56점의 역시 높은 향상을 보이고 있으며, 사례 8의 경우에는 BDI 11점, HRSD 8점, DAS 51점의 전체 70점으로 대상자 중에서 가장 높은 향상을 나타내고 있으며 특히 부정적 사고로부터 긍정적 사고로의 변환이 크게 나타났다. 사례 9의 경우에는 BDI 5점, HRSD 6점, DAS 28점으로 전체·39점을 보이고, 사례 10의 경우에는 BDI 9점, HRSD 6점으로 본인이 지각하는 우울의 양상이 많이 호전된 것으로 나타났다. 사례 11의 경우에는 BDI 7점, HRSD 7점, DAS 33점의 전체 47점으로 대상자 자신이 느끼는 변화와 연구자가 평가하는 척도표의 점수가 비교적 공통적인 향상을 나타냈다. 사례 12의 경우에는 BDI 9점, HRSD 7점, DAS 28점의 전체 44점으로 나타났다.

<표 15> 개인별 독서요법의 효과비교

Scale	BDI				HRSD				DAS				Tatal
시점 사례	1	2	3	차이	1	2	3	차이	1	2	3	차이	
1	13	7	7	6	10	6	5	5	94	72	70	24	35
2	12	8	6	6	9	4	4	5	102	84	83	19	30
3	10	10	9	1	10	5	6	5	86	64	62	24	30
4	10	9	9	1	11	5	5	6	109	75	78	34	41
5	12	8	9	3	8	6	7	2	95	87	76	19	24
6	15	9	9	6	12	4	5	8	123	82	79	44	58
7	11	5	4	7	10	2	2	8	117	76	80	41	56
8	16	6	5	11	15	7	7	8	133	89	82	51	70

Scale	BDI				HRSD				DAS				Tatal
9	11	5	6	5	10	4	4	6	104	79	76	28	39
10	14	6	5	9	11	6	5	6	95	82	79	16	31
11	13	6	6	7	12	5	6	7	101	80	68	33	47
12	13	5	4	9	11	4	4	7	97	72	69	28	44
집단1			계: 71				계: 73					계: 361	계:505
13	11	10	7	4	10	8	5	5	110	103	74	36	45
14	15	14	9	6	14	14		8	131	134	86	48	62
15	13	13	13	0	12	13	12	1	126	121	70	56	57
16	10	9	8	2	11	11	10	1	82	80	60	22	25
17	14	15	10	5	12	12	7	5	98	102	84	18	28
18	12	11	9	3	11	11		3	101	107	76	31	37
19	11	12	10	2	10	9	8	2	92	95	69	26	30
20	13	13	10	3	12	12	9	3	105	102	83	22	28
21	13	12	12	1	10	11	9	2	114	112	85	39	42
22	10	11	9	2	12	13	6	7	84	83	70	14	23
집단2			계: 28				계: 37					계: 312	계:377

독자적 독서요법을 실시한 집단-2를 살펴보면, 사례 13의 경우에는 BDI 4점, HRSD 5점, DAS 36점의 전체 45점의 향상을 나타냈고, 사례 14의 경우에는 BDI 6점, HRSD 8점, DAS 48점의 전체 62점으로 자기 평가와 연구자평가에서 모두 비교적 많은 향상을 보여주고 있다. 사례 15의 경우에는 BDI 0점, HRSD 1점, DAS 56점의 전체 57점으로 대상자 자신과 연구자가 평가하는 우울의 증상은 변화를 보이지 않았으나 DAS검사에서 회의적인 사고와 완벽주의에 대한 사고가 많이 전환되었음을 알 수 있다. 사례 16의 경우에는 BDI 2점, HRSD 1점, DAS 22점의 전체 25점으로 독서요법의 처치 전과 처치 후의 큰 변화는 보이지 않고 있다. 사례 17의 경우에는 BDI 5점, HRSD 5점, DAS 18점의 전체 28점의 향상을 보이고 있으며, 사례 18의 경우에는 BDI 3점, HRSD 3점, DAS 31점의 전체 37점으로 3가지 검사에서 비교적 고른 향상을 보이고 있다. 사례 19

의 경우에는 BDI 2점, HRSD 2점, DAS 26점의 전체 30점으로 나타났고, 사례 20의 경우에는 BDI 3점, HRSD 3점, DAS 22점의 전체 28점으로 나타났으며, 사례 21의 경우에는 BDI 1점, HRSD 2점, DAS 39점의 전체 42점으로 부정적 역기능사고에서의 변화가 많이 나타났다는 것을 알 수 있다. 사례 22의 경우에는 BDI 2점, HRSD 7점, DAS 14점의 전체 23점으로 향상된 점수를 보이고 있다.

이상에서 기술한 내용을 살펴보면, 상호 협력적 독서요법을 실시한 집단-1의 점수결과가 독자적 독서요법을 실시한 집단-2의 점수결과보다 높게 나타났다는 것을 알 수 있으며, 전체 22명을 대상으로 각 검사척도표별 향상된 점수를 상, 중, 하로 나타내 백분율로 산출하면 다음 <표 16>와 같다.

<표 16> 전체대상자의 검사척도표별 효과점수

Scale Degree	BDI	HRSD	DAS
상	7점 이상: 5(22.7%)	7점 이상: 7(31.8%)	40점이상: 5(22.7%)
중	4 - 6점: 7(31.8%)	4 - 6점: 8(36.4%)	20-39점: 12(54.5%)
하	3점 이하: 10(45.5%)	3점이하: 7(31.8%)	19점이하: 5(22.7%)

B. 結 果

본 연구는 우리나라 老人들이 겪고 있는 心理的 壓迫感 및 우울증을 독서요법을 통해 얼마나 해소시킬 수 있는 가의 검증에 목적을 두고 實驗硏究를 수행하였다.

실험연구를 위한 독서요법의 방법으로서 시행과정에 사서와 실험대상자 간의 대화와 토론 및 상담이 적극적으로 개입되는 상호 협력적 독서요법과 사서의 개입을 최소화하고 실험대상자의 자율성인 사고와 판단에 의존하는 독자적 독서요법을 실험환경에서의 내용적 방법으로 설정하였다. 또한 독서요법을 통해 우리 나 노인들의 심리 속에 內在되어 있는 恨의 情緒를 노인들 스스로가 인식하고 이해하며 외부로 표출시키거나 승화시켜 정신적 또는 정서적으로 건강한 노후생활을 유지할 수 있는 가의 여부에도 초점을 두고 연구를 수행하였다.

본 연구의 실험결과는 백분율, 표준편차, t-검증 및 이원분산분석을 이용한 통계처리를 통해 다각적으로 분석하고 해석하였다. 통계분석결과를 가설1-5에 맞춰 검증하고 정리하여 다음과 같이 제시한다.

假設의 검증결과

1) 假設-1

독서요법의 처치이전시점(時點-1)에서 실험집단(集團-1)과 지연처치통제집단(集團-2)의 BDI, HRSD, DAS의 검사점수에서 두 집단은 統計的으로 有意味한 差異없이 同質性(p>0.05, 단측검증)을 나타낼 것이다.

結果: 통계분석결과 BDI점수는 $p=0.701$, $t=0.39$, HRSD점수 $p=0.342$, $t=0.97$, DAS점수 $p=0.955$, $t=0.06$으로 산출되어, 時點-1에서 集團-1과 集團-2사이의 모든 검사점수에서 유의한 차이를 보이지 않아 두 집단 간의 동질성을 입증하여 가설-1은 검증되었다.

2) 假設-2

時點-2에서 실험집단(集團-1)과 지연처치통제집단(集團-2)의 BDI, HRSD, DAS의 점수는 통계적으로 유의한 차이($p<0.05$, 단측검증)를 보일 것이다.

結果: 통계분석결과 BDI점수 p=0.000, t=-6.53, HRSD점수 p=0.000, t=-9.69, DAS점수 p=0.000, t=-4.91로 산출되어, 時點-2에서 集團-1과 集團-2사이의 모든 검사에서 유의한 차이를 나타내 가설-2는 검증되었다. 즉, 실험집단이 상호 협력적 독서요법의 효과가 나타났음을 알 수 있다.

3) 假設-3

지연처치통제집단(集團-2)은 독서요법을 시작하는 시점(時點-2)과 독서요법이 완료되는 시점(時點-3)에서 BDI, HRSD, DAS의 점수가 통계적으로 유의한 차이(p<0.05, 단측검증)를 보일 것이다.

結果: 통계분석결과 BDI점수 p=0.010, t=2.86, HRSD점수 p=0.001, t=3.84, DAS점수 p=0.000, t=4.85로 산출되어, 집단-2의 시점-2와 시점-3의 모든 검사점수에서 통계적으로 유의한 차이를 보여 가설-3은 검증되었다. 즉, 독자적 독서요법을 실시한 集團-2의 시행효과가 나타났음을 알 수 있다.

4) 假設-4

처치가 모두 완료되는 시점(時點-3)에서 상호 협력적 독서요법을 실시하는 실험집단(集團-1)과 독자적 독서요법을 실시하는 지연처치통제집단(集團-2)의 BDI, HRSD, DAS의 점수는 統計的으로 有意한 差異(p<0.05, 단측검증)를 보일 것이다.

結果: 통계분석결과 BDI점수 p=0.001, t=-3.86, HRSD점수 p=0.001, t=-3.98, DAS점수 p=0.87, t=-0.16으로 산출되었다. BDI와 HRSD검사에서는 두 集團사이의 유의적 차이가 나타났으나, DAS검사에서는 두 집단사이의 유의적 차이를 보이지 않아 假設-4는 삼분의 이가 수용되었고, 나머지 삼분의 일은 수용되지 않았음을

알 수 있다. 즉, 상호 협력적 독서요법과 독자적 독서요법의 실시효
과에서 우울증에 대한 자기평가와 객관적 평가에서는 두 가지 방법
의 효과차이를 보여주었으나, 부정적 사고와 역기능태도에 관한 자
기평가에서는 두 집단이 별 차이 없게 사고와 태도에 있어서 변화가
이루어졌음을 알 수 있다.

5) 假設-5

실험집단(集團-1)의 독서요법이 완료되는 시점(時點-2)과 2개월
간의 연속시행기간이 끝나는 시점(時點-3)의 BDI, HRSD, DAS의
평균치(M)는 시점-1과 시점-3의 평균치, 시점-1과 시점-2의 평
균치보다 차이가 적을 것이다.

結果: 집단-1의 각각 3 시점의 점수분석결과, BDI에서는 시점-
1에서 시점-3<시점-1에서 시점-2<시점-2에서 시점-3의 순서로
독서요법의 처치효과가 차이를 나타냈으며, HRSD에서는 시점-1에
서 시점-2<시점-1에서 시점-3<시점-2에서 시점-3의 순서로 나
타났으며, DAS검사에서는 시점-1에서 시점-2<시점 1에서 시점-
3<시점-2에서 시점-3의 순서로 독서요법의 처치효과에서 차이를
보여주었다. 즉, 3가지 검사척도표에서 공통적으로 나타난 결과를
보면 독서요법의 처치를 끝낸 시점-2에서 2개월간의 연속시행기간
에는 처치효과에 있어서 다른 시점 간에 비해 큰 변화를 나타내지
않았음을 알 수 있으며, 이로써 가설-5는 검증되었다.

이상의 검증결과를 보면, 설정된 가설은 대부분 검증되었으며, 假
設-4에서 제시한 상호 협력적 독서요법과 독자적 독서요법의 시행
방법에 있어서 부정적 사고 및 역기능 태도에 관한 측면에서는 두
가지 방법상의 차이를 보이지 않고 독서를 통해 사고의 변환이 현저
히 일어났다고 할 수 있다.

이상과 같이 제시한 가설의 검증결과 이외에 獨立變人과 從屬變人

사이에 主效果와 相互作用效果가 존재함을 증명하기 위한 이원분산
분석(ANOVA, 2 x 3 요인설계)을 실시하였다. 3가지의 검사척도표
별로 실시한 효과분석결과에서 두 집단과 세 시점의 두 독립변인의
주 효과 이외에 집단과 시점간의 서로 영향을 주는 상호작용효과가
존재하고 있음을 증명하였다. 그러나 상호작용효과에 비해 集團과
時點의 두 요인에 의한 主效果가 월등히 작용하고 있으며, 相互作用
效果는 시점-1과 시점-2사이에서 발생하여 시점-1에서 독서요법
을 시작한 집단-1과 시점-2에서 시작한 집단-2의 실험환경설정
에 따른 시점과 집단간의 영향이라는 것을 알 수 있었다.

이러한 主要變人들 이외에 독서요법의 효과에 영향을 줄 수 있는
豫測變人들로서 실험대상자의 독서재료의 완독정도, 대상자들의 특
정요구에 부합하는 독서재료의 적합성 수준, 대상자의 참여도와 능
동성, 대상자의 도서주제에 대한 이해수준, 연구자와 대상자의 면담
횟수 및 면담내용의 깊이 등을 고려할 수 있다. 이러한 사항들은 검
사의 수치를 통해 그 영향도를 구체적으로 검증할 수는 없으나 실험
결과의 質的 效果를 증진시키는 잠재적 변인으로서 영향을 주었다고
할 수 있다.

이상의 결과분석 및 요인분석을 통한 가설검증 이외에, 독서요법의
효과를 기대할 수 있는 또 하나의 측면이 있다. 그것은 독서요법을 한
국적 정서 속에 자리 잡고 있는 우리나라 특유의 恨이라는 억압된 정
서의 개선효과이다. 우리나라 老人들의 內面世界에 자리 잡고 있는
恨의 情緖는 다른 나라의 민족적 정서와는 구별되는 독특한 성격 및
표현형태를 가지고 있다. 또한 마음속에 쌓여있는 억압된 정서로서의
恨의 표현방식에 있어서도 소극적이며 수용적인 특성을 가지고 있어
서 韓國의 傳統的인 얼과 美德이 담겨 있기도 하다. 그러나 이러한 욕
구불만 혹은 욕구좌절감은 우울한 기분, 절망감, 분노, 후회, 슬픔, 무
가치감 등의 성격적 성향으로 나타나며, 가만히 의식 속에서 희석되
거나 소멸되는 것이 아니라 스스로의 치유를 위해 心理 力動的으로

의식 밖으로 표출하려고 생동하고 있는 것이다.1)

그러나 실제로 老人들 각자에게 내재되어 있는 恨에 대해 그 내용을 파악하고 깊이와 정도를 정확히 측정하며, 독서요법을 통해 얼마나 해소될 수 있는 가를 검사분석을 통해 統計的인 數値로 검증한다는 것은 불가능하다. 그러나 한국적 恨의 情緒는 여러 심리적 현상들, 즉 우울한 기분, 절망감, 분노, 후회, 슬픔, 무가치감 등의 전반적인 성향 속에 내포되어 있으며, 이렇게 표현되는 증상들이 향상되고 개선되어 精神的 健康과 情緒的 安定感을 유지하게 될 때 한국적 恨의 情緒도 동시에 회석되고 해소된다고 할 수 있다.

본 실험연구에 사용된 BDI, HRSD 및 DAS의 3 가지 검사척도표는 위에서 설명하고 있는 다양한 형태의 우울증세를 검사하고 측정하는 내용으로 구성되어 있다. 이상의 검사에서 실험효과로서 도출된 검증결과들을 통해 우울한 정서와 부정적 사고가 현저히 향상되었음을 증명할 수 있었으며, 동시에 恨의 情緒도 함께 개선되었다고 볼 수 있다. 본 실험연구의 검사척도표에 의한 검증결과이외에 부수적으로 老人들이 책을 읽고 스스로 쓴 독후감과 자신의 작품내용을 보충적 검증자료로 제시한다. 몇 분의 노인들의 작품 속에 나타난 사고와 감정의 표현들을 발췌하여 인용하면 다음과 같다.

사례 1: "해변에 외로이 서있는 나에게 갈매기 소리 물새소리 바람과 파도를 타고 와 들려주네. 그들이 소곤소곤 속삭이는 음파가 사랑의 소리로 한 순간을 나는 환상에 젖어보네.."

작품 '동해바다'중에서

사례 2: "나이가 중첩하는 데 따라 시간은 점점 소모되어 가는 자본처럼 보입니다. 나이를 먹으면 먹을수록 자기목전에 있

---

1) 이규봉. 한국인의 의식에 나타난 恨의 의미. 새 빛. 164권, 8호, 1978. pp. 24~26.

는 시간은 아주 짧게만 보입니다. 참 행복이란 자기의 나이를 그대로 인정하는 데 있고 나이가 들어 늙어지면 직업, 생활에 많은 활동을 단념할 줄 알아야 합니다....중략"

독후감 중에서: 폴 투르니에저. '인생의 네 계절'

사례 3: "산길은 그와 같이 순탄한 길만은 아니다. 산길은 정상을 향해 꼬불꼬불 이어진 깡마른 길이다. 험준한 암벽을 헤치고 기어올라야 할 길이다...중략

그와 같은 산길은 바로 내가 걸어온 생애와도 비교가 된다. 누가 무어라고 하든 내가 걸어온 길은 호젓한 산길이지 결코 도심지의 넓은 가로나 고속도로와 같이 탁 트인 길은 아니었다......중략

이제 그 산길도 바람이 불고 비가 내리고 해가 뜨고 하는 사이에 변모되어 가고 있다."

작품 '산길'중에서

사례 4: "세월이 십년, 백년 여류 하는 동안에 변천되는 상황이 무상하다.....중략

달이 차면 기울어져 가는 오묘한 진리를 어느 누가 부인할 손가?..."

독후감 중에서: 천상병저. '아름다운 이 세상 소풍 끝내는 날'

사례 5: "바람이 와서 흔들면 큰 저항 없이 바람의 뜻대로 움직여 주고 새가 와서 뜻있는 말로 표정을 풀면 그것도 모조리 들어준다....중략.

작품 '고목의 무상'중에서

이상의 작품들은 老人들이 현재의 삶 속에서 느끼고 생각하는 관심과 수용적 태도들을 부분적으로 표현하고 있다. 이러한 작품들이

老人들의 情緒的 變化를 정확하게 측정할 수 있는 방법이나 척도가 될 수는 없으나, 앞서 독서요법의 실험결과에서 검증된 그 效果는 충분히 입증되었다고 사료되므로, 위의 노인들의 작품 및 독후감중의 발췌내용들은 독서요법의 효과에 관한 補助的 資料가 될 수 있을 것이다.

結 論

본 연구는 讀書療法을 통해서 老人의 우울증이 어느 정도 해소될 수 있다는 가설 하에, 우울증을 스스로 느끼고 있는 65세 이상의 한국의 노인들을 선정하고, 또한 이에 적절한 讀書資料를 신중히 선정하고, 이를 통해서 독서요법을 적용하여 그 결과를 객관적 측정방법에 따라 분석한 결과, 그 효과가 있음을 검증한 것으로 그 結果를 요약하면 다음과 같다.

첫째, 독서요법의 실시이전 시점에서 실험집단과 지연처치통제집단사이의 同質性을 검증하는 假設—1의 실험분석결과 BDI점수는 p =0.701과 t=0.39이고, HRSD점수는 p=0.342와 t=0.97이며, DAS점수는 p=0.955와 t=0.06으로 산출되었다. 즉, 모든 검사점수에서 統計的으로 有意한 差異(p<0.05)를 보이지 않아 假設—1은 검증되었으며 두 집단사이의 同質性이 입증되었다.

둘째, 실험집단이 상호 협력적 독서요법을 완료하는 시점에서 실험집단의 효과를 검증하는 假設—2의 실험분석결과 BDI점수는 p= 0.000과 t=—6.53이고, HRSD점수는 p=0.000과 t=—9.69이며, DAS점수는 p=0.000과 t=—4.91로 산출되었다. 상호비교된 두 집단사이에서 3가지 검사결과는 統計的으로 有意한 差異(p<0.05)를 나타내 假設—2는 검증되었고, 상호 협력적 독서요법의 효과가 나타났다는 것을 입증하였다.

셋째, 독서요법 절차가 모두 완료되는 시점에서 지연처치통제집단의 독자적 독서요법 효과를 검증하는 假設—2의 실험분석결과 BDI점수는 p=0.001과 t=2.86이고, HRSD점수는 p=0.001과 t=3.84이며, DAS점수는 p=0.000과 t=4.85로 산출되었다. 이와 같이 모든 점수에서 統計的으로 有意한 差異(p<0.05)를 보였으므로 假設-3은 검증되었다. 즉, 독자적 독서요법의 실시효과가 나타났음을 알 수 있다.

넷째, 독서요법 절차가 모두 완료되는 시점에서 상호 협력적 독서요법을 실시하는 실험집단과 독자적 독서요법을 실시하는 지연처치 통제집단의 효과차이를 검증하는 假設-4의 실험분석결과 BDI점수는 p=0.001과 t=-3.86이고, HRSD점수는 p=0.001과 t=-3.98이며, DAS점수는 p=0.87과 t=-0.16으로 산출되었다. BDI와 HRSD 검사에서는 두 집단사이의 有意的 差異(p<0.05)가 나타났으나, DAS 검사에서는 두 집단사이의 有意的 差異(p<0.05)를 보이지 않아 가설-4는 3분의 2가 수용되었고, 나머지 3분의 1은 수용되지 않았다. 즉, 상호 협력적 독서요법과 독자적 독서요법의 시행효과에서 우울증에 대한 자기평가와 객관적 평가에서는 두 가지 방법의 효과차이를 보여주었으나, 부정적 사고와 역기능태도에 관한 자기평가에서는 두 집단이 거의 同一하게 변화가 이루어졌음을 알 수 있다.

다섯째, 상호 협력적 독서요법을 실시한 실험집단에서 2개월간의 연속시행기간에 독서요법 효과가 안정되게 유지되는 가를 검증하는 假設-4의 분석결과는 BDI, HRSD 및 DAS검사에서 공통적으로 2개월간의 연속시행기간에는 시행효과에 있어서 다른 시점간에 비해 큰 변화를 나타내지 않았음을 알 수 있으며, 이로써 假設-5는 검증되었다.

여섯째, 이상의 실험분석결과로서 도출된 검증결과들을 통해 憂鬱症 및 否定的 思考가 현저히 향상되었음을 입증할 수 있었으며, 이러한 변화는 우울증 및 부정적 사고를 심리적 성향으로 내포하고 있는 한국적 恨의 情緒도 동시에 희석되고 해소되었다고 볼 수 있는 것이다.

결론적으로 독서요법은 적절한 독서자료를 엄선하여 합리적으로 시행함으로써 노인들의 우울증정서의 개선에 많은 도움을 준 것으로 나타났다.

　본 실험연구의 특성은 독서요법을 시행하는데 있어서 정신과 의사와 상담심리학자의 자문 하에 전 과정을 계획하고 진행하였으며, 특히 독서요법의 중핵부분이 되는 도서의 주제분야 선정 및 독서자료의 선택을 전문적인 사서가 수행하였다는 점이다.

　본 연구를 진행하는 과정에서 도출된 향후과제로서 文獻情報學 영역에서 전문사서가 최선의 유용한 독서자료를 엄선하고, 보다 효과적인 방법을 개발하여 독자적인 학문영역으로 발전시키는 동시에 독서요법을 통해 사회에 기여를 할 수 있기를 기대한다.

參考文獻

1. 單行本

A. 東洋文獻

김계현. 상담심리학. 서울, 학지사, 1997.

김설현. 노년학. 서울, 교문사, 1994.

윤진. 성인. 노인심리학. 서울, 중앙적성출판사, 1994.

內山喜久雄(外). 心理療法の技術と實體. 東京, 日本文化科學社, 1976.

大神貞男. 讀書療法－その基礎と實際. 東京, 文敎書院, 1973.

B. 西洋文獻

American Psychiatric Association. *Diagnostic and Statistic Manual of Mental Disorders*, 3rd ed. Washington, D. C, American Psychiatric Association, 1980

Bandura, A. *Social Learning Theory*. New Jersey, Prentice Hall, 1977.

Beck. A. T. *Cognitive Therapy and the Emotional Disorders*. New York, International Universities Press, 1976.

Brown, E. *Bibliotherapy and Its Widening Application*. Metuchen, N.J., Scarecrow, 1975.

Cornett, Claudia E. & Cornett, Charles F. *Bibliotherapy: The Right Book at the Right Time*. Bloomington, Ill., Phi Delta Kappa Educational Foundation, 1980.

Griffin, B. *Special Needs Bibliotherapy: Current Books for/about Children and Young Adults.* New York, Griffin, 1984.

Hammen, C. & Krantz, S. E. Measurements of Psychological Processes in Depression. *Handbook of Depression: Treatment, Assessment, and Research.* Homewood, Dorsey Press, 1985.

Havighurst, R. L. *Developmental Tasks and Education.* New York, David Mckay, 1972.

Hynes, A. M. & Hynes-Berry, M. *Bibliotherapy: The Interactive Process.* Boulder, Westview Press, 1986.

Moody, M. T. & Limper, H. K. *Bibliotherapy: Methods and Materials.* Chicago, ALA, 1971.

Moor, T. V. *The Nature and Treatment of Mental Disorders Bibliotherapy,* 2nd ed. New York, Grune, 1976.

Pardeck, John T. & Pardeck, Jean A. A *Bibliotherapy: A Guide to Using Books in Clinical Practice.* San Francisco, EMText, 1992.

Phinney, Eleanor ed. *The Librarian and the Patient.* Chicago, ALA, 1977.

Raskin, A. & Klein, D. F. The Clinical Measurement of Depressive Disorders. *The Measurement of Depression.* New York, Gilford Press, 1987.

Rubin, Rhea J. *Using Bibliotherapy: A Guide to Theory and Practice.* Phoenix, AZ, Oryx Press, 1978.

Russell, David H. *The Dynamics of Reading.* Waltham, Mass., Ginn and Co., 1970.

Zaccaria, J. S. & Moses, H. A. *Facilitating Human Development through Reading: TheUse of Bibliotherapy in Teaching and Counseling.* Champaign., Il., Stipes, 1968.

2. 論文

A. 東洋文獻

김주경. 독서요법이 정신과 입원환자의 증상별 행동과 질병예후에 미치
는 영향에 관한 연구. 서울대학교 대학원 간호학과. 석사학위논문.
1985.

박용두. 독서요법에 의한 생활지도: 부적응 학생을 중심으로. 수도교육. 제
62호, 1981. pp. 19~28.

변우열. 비행청소년 인성치료를 위한 독서요법. 도서관학논집. 26집, 1997.
pp. 131~168.

윤달원. 비행청소년의 자아개념 육성을 위한 독서요법의 효과. 서울, 성신
여자대학교 대학원, 박사학위 논문, 1990.

정인과 외. 노인우울척도의 신뢰도, 타당도 연구 신경정신의학. 제36권, 1
호, 1997. pp. 103~112.

B. 西洋文獻

Adams, D. M. and Rotondi, M. A. Collaborative Learning: Gifted
Students in the Regular Classroom. *Reading Horizons*. Vol.29, 1990.
pp. 45~50.

Alexander, R. H. and Buggie, S. E. Bibliotherapy with Chronic
Schizophrenics: The Therapeutic Function of the Psychiatric Librarian
in a State Mental Hospital. *Journal of Rehabilitation*. Vol.33, 1967. pp.
26~42.

Allen, R. D. *An Analysis of the Impact of Two Forms of Short Term Assertive
Training on Aggressive Behavior*. Doctoral Dissertation. Southern Illinois
University. Ann Arbor, Michigan: University Microfilms, 1978.

Beatty, William K. A Historical Review of Bibliotherapy. *Library
Trends*. Vol. 11, No.2, 1962. pp. 105~112.

Blazer, D. & Williams, C. Epidemiology of Dysphoria and Depression in an Elderly Population. *American Journal of Psychiatry.* Vol.137, 1980. pp. 432~442.

Brownell, K. D., Heckerman, C. J., & Westlake, R. J. Therapist and Group Contact as Variables in the Behavioral Treatment of Obesity. *Journal of Consulting and Clinical Psychology.* Vol.46, 1978. pp. 593~594.

Bryan, A. I. Can There a Science of Bibliotherapy? *Library Journal,*‡ 64, 1939. pp. 771~778.

Cohen, L. J. Reading as a Group Process Phenomenon: A Theoretical Framework for Bibliotherapy. *Journal of Poetry Therapy.* Vol.3, 1989. pp. 73~77.

Dodge, L. T., Glasgow, R. E., & O'Neill, H. K. Bibliotherapy in the Treatment of Female Orgasmic Dysfunction. *Journal of Consulting and Clinical Psychology.* Vol.50, 1982. pp. 442~443.

Gottschalk, L. A. Bibliotherapy as an Adjuvant in Psychiatry. *American Journal of Psychiatry.* Vol.104, 1948. pp. 632~637.

Hintzman, D. L. *The Psychology of Learning and Memory.* San Francisco: W. H. Freeman and Company, 1978. pp. 254~266.

Lambert, M. J., Masters, K., Astle, D. An Effect-size Comparison of the Beck, Zung, and Hamilton Rating Scales for Depression: A Three-Week and Tweleve-Week Analysis. *Psychological Reports.* Vol.63, No.2, 1988. pp. 467~470.

Lenkowsky, R. S. Bibliotherapy: A Review and Analysis of the Literature. *The Journal of Special Education.* Vol.21, 1987. pp. 123~132.

Liang, J. Sex Differences in Life Satisfaction among the Elderly. *Journal of Gerontology.* Vol.36, No.1, 1982. pp. 67~73.

Londen, A. V. & Monique, W. M., & Barentsen, V. L. et al. Relapse Rate Subsequent Parental Reaction After Successful Treatment of Children Suffering From Nocturnal Enuresis. *Behavior Research Therapy.* Vol.33, 1995. pp. 309~311.

Lunsteen, Sara. A Thinking Improvement Program through Literature. *Elementary English*. 1972. pp. 501~508.

Marcinko, Stephanie. Bibliotherapy: Practical Applications with Disabled Individuals. *Current Studies in Librarianship*. Vol.13, No.182, 1989. pp. 2~12.

Maurice, W. Correctional Treatment and the Library. *Wilson Library Bulletin*. Vol.26, 1952. pp. 451~457.

Nickerson. E. T. A Therapeutic Medium for Helping Children Psychotherapy: Theory, Research and Practice. 12, 1975. pp. 255~262.

Rosen, G. M. Self-Help Treatment Books and the Commercialization of Psychotherapy. *American Psychologist*. Vol.42, 1987. pp. 46~47.

Ross, S. M. & Christensen, P. Cognitive and Self-statements in Depression: Findings Across Clinical Populations. *Cognitive Therapy and Research*. Vol.10, pp. 159~166.

Rubin, Rhea J. Uses of Bibliotherapy in Response to the 1970s. *Library Trends* Vol. 28, No.2, 1979. pp. 239~252.

Russell, D. H. & Shrodes, C. Contributions of Research in Bibliotherapy to the Language Arts Program. *School Review*. 58, 1950. pp. 332~337.

Schneck, Jerome M. Bibliotherapy and Hospital Library Activities for Neuropsychiatric Patients. *Psychiatry*. Vol.8, 1945. pp. 207~228.

Scogin, Forrest. Reliability and Validity of Short Form Beck Depression Inventory with Older Adults. *Journal of Clinical Psychology*. Vol.44, No.6, 1988. pp. 853~857.

Smith, D and Burkhalter, J. K. The Use of Bibliotherapy in Clinical Practice. *Journal of Mental Counseling*. Vol.9, 1987. pp. 184~190.

Stephens, Rhea J. *An Investigation into the Effectiveness of Bibliotherapy on the Reader's Self-reliance*. Doctoral Disseration, University of Oklahoma, Ann Arbor, Mich.: University Microfilms, 1974.

Tews, R. M. Progress in Bibliotherapy. *Advanced in Librarianship*. Melvil J. Voight ed. New York: Seminar Press, 1970. pp. 170~179.

Tews, R. M. Introduction to Special Issue on Bibliotherapy. *Library*

Trends, 11, 1962. pp. 96~108.

Thompson, L. W. Effects of Berearement on Self Preceptions of Physical Health in Elderly Widows and Widowers. *Journal of Gerontology.* Vol.39, 1984.

Thompson, L. W., Gallagher, D, Czirr, R. Personality Disorder and Outcome in the Treatment of Late-life Depression. *Journal of Geriatric Psychiatry.* Vol.21, No.2, 1988. pp. 133~146.

Yesvage, J. A., Brink, T. L. Rose, T. L., Lum, O. et al. Development and Validation of a Geriatric Depression Screening Scale: A Preliminary Report. *Journal of Psychiatry Res.* Vol.17, 1983. pp. 37~39.

Zentner, T. *The Effects of Bibliotherapy and Level of Reading Ability on Self Concept* Doctoral Dissertation, University of Montana. Ann Arbor, Mich.: University Microfilms. 1974.

ABSTRACT

A Study on Bibliotherapy for Depressed Older Adults

by Yu, Hae sook

This research aimed at the investigation of the effectiveness of bibliotherapy for depressed older adults 65 years of age and older. As well as the examination of the effectiveness of bibliotherapy, the efficacy of interactive bibliotherapay and reading bibliotherapy was compared and analysed.

Depression is a common disorder that occurs for a significant number of elders. Depression is pervasive at societal and individuals levels, there is an need for effective interventions that are readily accessible. Bibliotherapy is one of effective treatment alternatives that make improvement for mild or moderate depression through interaction between book and reader.

For implementing the research, 25 subjects, aged 65 or over, were recruited from the community on a volunteer basis to participate in a bibliotherapy program. Initial screening of potential participants was conducted by testing the measurement of depression. Potential subjects qualified for the study by meeting the following criteria: (1) a score of 10 or higher on the BDI, (2) a score of 7 or higher on the HRSD, (3) a score of 80 or higher on the DAS.

Of the original 25 subjects, 22 completed the study. Two of the three subjects who dropped out of the study had been assigned to the treatment group(Group 1) while the remaining one dropout had been assigned to the delayed-treatment control group(Group 2). All of three subjects who dropped out did so prior to the Time 2 assessment.

Observer-rated and self-report measures for depression were used to assess severity of depression. Participants were given the following at each of the three interviews: the 21-item BDI which is a self-report measure, the 24-item HRSD, which is an observer-rated measure, the 40-item DAS which is a self-report scale of dysfunctional and negative thinking designed to measure Beck's depressive schemata.

Participants in the bibliotherapy conditions were divided with two groups, one was experimental group conducting interactive bibliotherapy and the other was delayed-treatment control group conducting reading bibliotherapy. Group 1 had 2-month experimental period and 2-month follow-up, Group 2 had 2-month experimental period. Both groups received a recommended booklist and selected books they prefered. The booklist consisted of novels, non-novels, poetry, cartoons, and religious books.

Experiment results were analyzed via t-ananlysis(SD, P, T) and 2 x 3(Group x Time) between and within ANOVA calculated by SPSS program.

The results of the analyses supported Hypotheses 1, 2, and 3, focusing the efficacy of interactive bibliotherapy as well as reading bibliotherapy. The analysis of hypothesis 4 was revealed that the effectiveness of interactive bibliotherapy was superior to that of reading bibliotherapy in the score of BDI and HRSD, while there was no statistically significance in the score of DAS.

附　錄
(Appendix)

참 여 동 의 서

본인_____은 아래의 내용에 동의합니다.

본 참여동의서는 연구수행에 필요한 자료를 수집하기 위해 귀하의 허가를 요청하는 동의서입니다. 저는 중앙대학교 대학원 박사과정에 재학하고 있으며, 독서를 통해 인간의 정신적 정서적 갈등을 해소할 수 있는 가에 대한 주제를 가지고 연구를 수행하고 있습니다.

이 연구를 수행하기 위해 귀하와 개인적인 또한 공개적인 면담을 가지려고 하며, 추천 드리는 도서를 읽으시고 매주 한 번씩의 정기적인 모임도 가질 예정입니다. 또한 자료수집에 필요한 설문지와 검사척도표에 성의껏 응답해 주실 것도 부탁드립니다.

이상의 사항은 전혀 의무적이지 않으며, 귀하의 자발적인 참여를 원칙으로 합니다. 그리고 귀하가 제공하신 개인의 신상정보와 검사 내용들은 이 연구의 목적이외에는 사용되지 않을 것이며, 또한 절대 외부에 공개되지 않을 것을 약속드립니다.

본 연구에 대한 귀하의 이해와 협조를 부탁드립니다.

고맙습니다.

연구자: 유 혜 숙

연 구 질 의 서

다음 물음에 답해 주십시오.

1. 귀하의 연세는? _____세

2. 귀하의 성별은? 남/여

3. 귀하는 종교를 가지고 계십니까? 예/아니오

4. 3번항에 "예"로 답변하신 분들만 해당합니다.

    귀하가 믿고 계신 종교는 무엇입니까?

    기독교, 가톨릭, 불교, 원불교, 기타 _____

5. 귀하의 최종학력은?

초등학교, 중학교, 고등학교, 대학교 이상, 기타 _____

6. 현재 함께 거주하시는 가족 수는 몇 명입니까?

독거(홀로 사심), 1명, 2명, 3명, 4명이상

7. 함께 거주하시는 가족이 계신다면 그 가족사항을 기록해 주십시오.

         성별   관계   나이

8. 귀하는 주된 취미활동은 무엇입니까? _____

9. 독서를 하신다면 어떤 종류의 도서를 좋아하십니까?

_____

      시, 소설, 수필, 사상집, 신앙서적, 만화, 잡지, 기타 _____

10. 현재 읽고 계시는 책이 있다면, 책의 제목(서명)은 무엇입니까?

     (없으시면 안 쓰셔도 무방합니다)

11. 현재 생활에 만족하십니까?

    1. 매우 만족한다.

    2. 대체로 만족한다.

3. 그저 그렇다.

4. 조금 불만스럽다.

5. 매우 불만스럽다.

12. 11번 답변 중 3, 4, 5번에 답하신 분들에게 해당됩니다.

　　생활 중 어느 부분에서 가장 불편함을 느끼십니까?

　　1. 신체적 질병

　　2. 가족들과의 불화

　　3. 외로움

　　4. 경제적 외로움

　　5. 사회에서의 소외감

　　6. 기타＿＿＿＿＿＿＿

13. 현재 약을 복용하십니까? 예/아니오

14. 13번 항에 "예"라고 답변하신 분에게 해당됩니다.

　　어떤 질환으로 약을 복용하십니까?

　　　　신체적 질환, 정신적 질환, 기타＿＿＿＿＿＿＿

Beck 우울증 검사척도표
(Beck Depression Scale)

다음 각 질문은 여러분이 일상생활에서 경험할 수 있는 내용들로 구
성되어 있습니다. 각 질문의 네 가지 문항을 자세히 읽고, 그 중 요
즈음(오늘을 포함하여 지난 일주일동안)의 자신을 가장 잘 나타낸다
고 생각되는 문항을 선택하여 체크하여 주십시오.

(1)
    1. 나는 슬프지 않다.
    2. 나는 슬프다.
    3. 나는 항상 슬퍼서 그것을 떨쳐버릴 수 없다.
    4. 나는 너무나 슬프고 불행해서 도저히 견딜 수 없다.

(2)
    1. 나는 앞날에 대해서 별로 낙심하지 않는다.
    2. 나는 앞날에 대하여 비관적인 느낌이 든다.
    3. 나는 앞날에 대해 기대할 것이 아무 것도 없다고 느낀다.
    4. 나의 앞날은 아주 절망적이고 나아질 가망이 없다고 느낀다.

(3)
    1. 나는 실패자라고 느끼지 않는다.
    2. 나는 보통 사람들보다 더 많이 실패한 것 같다.
    3. 내가 살아온 과거를 뒤돌아보면 생각나는 것은 실패뿐이다.
    4. 나는 인간으로서 완전한 실패자인 것 같다.

(4)

    1. 나는 전과 같이 일상생활에 만족하고 있다.

    2. 나의 일상생활은 전처럼 즐겁지 않다.

    3. 나는 더 이상 어떤 것에서도 참된 만족을 얻지 못한다.

    4. 나는 모든 것이 다 불만스럽고 지겹다.

(5)

    1. 나는 특별히 죄책감을 느끼지 않는다.

    2. 나는 죄책감을 느낄 때가 많다.

    3. 나는 거의 언제나 죄책감을 느낀다.

    4. 나는 항상 죄책감을 느낀다.

(6)

    1. 나는 벌을 받고 있다고 느끼지 않는다.

    2. 나는 아마 벌을 받을 것 같다.

    3. 나는 벌을 받아야 한다고 느낀다.

    4. 나는 지금 벌을 받고 있다고 느낀다.

(7)

    1. 나는 나 자신에게 실망하지 않는다.

    2. 나는 나 자신에게 실망하고 있다.

    3. 나는 나 자신이 혐오스럽다.

    4. 나는 나 자신을 증오한다.

(8)

    1. 내가 다른 사람보다 못한 것 같지는 않다.

    2. 나는 나의 약점이나 실수에 대해서 나 자신을 탓한다.

    3. 내가 한 일이 잘 못되었을 때는 언제나 나를 탓한다.

    4. 일어나는 모든 나쁜 일들은 다 내 탓이다.

(9)

    1. 나는 자살 같은 것은 생각하지 않는다.

    2. 나는 자살할 생각은 하고 있으나, 실제로 하지는 않을 것이다.

3. 나는 자살하고 싶다.

4. 나는 기회만 있으면 자살하겠다.

(10)

1. 나는 평소보다 더 울지는 않는다.

2. 나는 전보다 더 많이 운다.

3. 나는 요즈음 항상 운다.

4. 나는 전에는 울고 싶을 때 울 수 있었지만, 요즈음 울래야 울 기력조차 없다.

(11)

1. 나는 요즈음 평소보다 더 짜증을 내는 편은 아니다.

2. 나는 전보다 더 쉽게 짜증이 나고 귀찮아진다.

3. 나는 요즈음 항상 짜증스럽다.

4. 전에는 짜증스럽던 일이 요즈음은 너무 지쳐서 짜증조차 나지 않는다.

(12)

1. 나는 다른 사람들에 대한 관심을 잃지 않고 있다.

2. 나는 전보다 다른 사람들에 대한 관심이 줄었다.

3. 나는 다른 사람들에 대한 관심이 거의 없어졌다.

4. 나는 다른 사람들에 대한 관심이 완전히 없어졌다.

(13)

1. 나는 평소처럼 결정을 잘 내린다.

2. 나는 결정을 미루는 때가 전보다 더 많다.

3. 나는 전에 비해 결정내리는 데에 어려움을 느낀다.

4. 나는 더 이상 아무 결정도 내릴 수가 없다.

(14)

1. 나는 전보다 내 모습이 더 나빠졌다고 느끼지 않는다.

2. 나는 나이 들어 보이거나 매력 없어 보일까봐 걱정한다.

3. 나는 내 모습이 매력 없게 변해 버렸다고 느낀다.

    4. 나는 내가 추하게 보인다고 믿는다.

(15)

    1. 나는 전처럼 일을 할 수 있다.
    2. 어떤 일을 시작하려면 특별히 더 많은 노력이 든다.
    3. 무슨 일을 하려면 나 자신을 매우 심하게 채찍질해야만 한다.
    4. 나는 전혀 아무 일도 할 수가 없다.

(16)

    1. 나는 평소처럼 잠을 잘 수 있다.
    2. 나는 전보다 잠을 자지 못한다.
    3. 나는 전보다 한두 시간 일찍 깨고 다시 잠들기 어렵다.
    4. 나는 평소보다 몇 시간이나 일찍 깨고 다시 잠들 수 없다.

(17)

    1. 나는 평소보다 더 피곤하지는 않다.
    2. 나는 전보다 더 쉽게 피곤해진다.
    3. 나는 무엇을 해도 언제나 피곤해진다.
    4. 나는 너무나 피곤해서 아무 일도 할 수 없다.

(18)

    1. 내 식욕은 평소와 다름없다.
    2. 나는 요즈음 전보다 식욕이 좋지 않다.
    3. 나는 요즈음 식욕이 많이 떨어졌다.
    4. 요즈음에는 전혀 식욕이 없다.

(19)

    1. 요즈음 체중이 별로 줄지 않았다.
    2. 전보다 몸무게가 2kg가량 줄었다.
    3. 전보다 몸무게가 5kg가량 줄었다.
    4. 전보다 몸무게가 7kg가량 줄었다.

(20)

    1. 나는 건강에 대해 전보다 더 염려하고 있지는 않다.

2. 나는 여러 가지 통증, 소화불량, 변비들과 같은 신체적인 문제로 걱정하고 있다.
3. 나는 건강이 매우 염려되어 다른 일은 생각하기 힘들다.
4. 나는 건강이 매우 염려되어 다른 일은 아무 것도 생각할 수 없다.

(21)
1. 나는 요즈음 성에 대한 관심에 별다른 변화가 있는 것 같지는 않다.
2. 나는 전보다 성에 대한 관심이 줄었다.
3. 나는 전보다 성에 대한 관심이 상당히 줄었다.
4. 나는 전보다 성에 대한 관심을 완전히 잃었다.

Hamilton 우울증 검사 척도표
(Hamilton Rating Scale for Depression)

1. 우울한 기분(슬픔, 절망감, 무력감, 무가치감)
   0. 없다.
   1. 질문을 받을 때만 이러한 감정상태가 나타난다.
   2. 이러한 감정상태가 자발적으로 말로 표현된다.
   3. 얼굴표정, 자세, 목소리, 눈물을 흘리는 경향이 비언어적으로 감정상태를 전달한다.
   4. 환자는 사실상 이러한 감정상태를 자발적인 언어와 비언어적 표현만으로 나타난다.
2. 죄책감
   0. 없다.
   1. 자책, 사람들을 실망시키게 한다고 느낀다.
   2. 과거의 잘못이나 죄받을 일에 대한 생각이나 죄책감
   3. 현재의 병이 처벌이라는 죄책 망상
   4. 비난하거나 위협하는 목소리가 들린다 또는 위협하는 환자가 있음
3. 절망감(자학)
   0. 없다.
   1. 인생이 살만한 가치가 없다고 느낀다.
   2. 죽었으면 하는 바램, 혹은 자신이 죽는 가능성에 관한 생각들이 있음.
   3. 자살 생각이나 자살의사 표시

　　4. 자살의 시도(어떠한 심각한 시도가 있는 경우 4에 해당된다.)

4. 불면증 초기

　　0. 잠들기에 어렵지 않다.

　　1. 때때로 잠들기가 어렵다고 호소한다. 즉, 잠드는 데 반시간 이
　　　상이 걸린다.

　　2. 밤마다 잠들기가 어렵다고 호소를 한다.

5. 불면증 중기

　　0. 어려움이 없다.

　　1. 밤중에 잠을 깨며 뒤척인다고 호소한다.

　　2. 밤중에 자주 깬다.-침대를 떠나는 어떠한 행위가 두 번 이상
　　　일 때 해당됨.

　　　(배뇨를 위한 것은 제외)

6. 불면증 후기

　　0. 어려움이 없다.

　　1. 새벽에 잠을 깨지만 다시 잠든다.

　　2. 침대를 떠난다면 다시 잠들 수 없다.

7. 일하는 것과 활동

　　0. 어려움이 없다.

　　1. 무능력하다는 생각과 느낌
　　　일이나 취미, 활동과 관련된 피로나 허약함이 있다.

　　2. 활동, 취미 혹은 일에서 흥미를 잃음.
　　　환자에 의해서 직접적으로 보고 될 뿐만 아니라 간접적으로
　　　는 무관심하고 우유부단한 동요가 있음(자기 자신의 일이나
　　　활동에 몰두해야 한다고 느낀다.)

　　3. 활동에 소비하는 실제 시간이 감소하거나 혹은 생산성이 감소
　　　함.

　　4. 현재의 병 때문에 일을 중단함.

8. 지연(사고, 언어, 행동이 느림: 주의 집중하는 능력에 손상이 있

음. 운동활동이 감소되었음)

    0. 정상적인 언어와 사고

    1. 면담시 약간의 지연을 보임.

    2. 면담시 뚜렷한 지연을 보임.

    3. 면담진행이 어려움.

    4. 완전한 혼미를 보임.

9. 초조감

    0. 없음.

    1. 손이나 머리카락 등을 가지고 논다.

    2. 손을 뒤틀고, 손톱을 깨물며, 머리카락을 잡아당기고 입술을 깨문다.

10. 정신적 불안감

    0. 어려움이 없음.

    1. 주관적인 긴장과 흥분.

    2. 사소한 일에 대해 걱정한다.

    3. 얼굴과 언어에서 염려하는 태도가 뚜렷하다.

11. 신체적 불안감

    0. 없다.

    1. 약간 있다.

    2. 중간정도 있다.

    3. 심하게 있다.

    4. 일을 할 수 없다.

12. 위장관계, 신체증상

    0. 없다.

    1. 입맛은 없으나 치료진의 격려 없이도 식사를 한다.
       배가 더부룩한 것을 느낀다.

    2. 치료진의 재촉 없이는 식사하기가 어렵다.
       위장관(계)증상으로 약의 복용이 요구되거나 혹은 장운동 때문에 항생제나 약물을 필요로 하거나 요구된다.

13. 일반적인 신체증상

0. 없다,

1. 사지 등, 머리가 무겁고 요통, 두통, 근육통이 있으며 정격의 소실과 피로감이 있음.

2. 어떤 명확한 증상이 있는 경우는 2에 해당됨.

14. 생식기 증상

0. 없다.

1. 약간 있다.

2. 심하다.

3. 확인 안됨.

15. 건강 염려증

0. 없다.

1. 자기도취(신체적으로)

2. 건강에 몰두함.

3. 종종 불만을 말하며 도움을 요청함.

4. 건강 염려적인 망상이 있다.

16. 체중 감소

A. 병력에 의해 평가할 때

0. 체중 감소가 없다.

1. 아마 현재의 병과 연관된 체중감소가 있다.

2. (환자의 말에 의한) 명확한 체중감소가 있다.

B. 병동의 정신과 의사에 의해 실제적 체중변화를 측정하여 매주 평가할 때

0. 1 주에 1/2kg 이상의 체중감소가 없다.

1. 1 주에 1/2kg 이상의 체중감소가 있다.

2. 1 주에 1kg 이상의 체중감소가 있다.

17. 병에 대한 의식

0. 우울하고 병이 있다는 것을 안다.

1. 병이라는 것을 알지만 그 원인을 나쁜 음식, 기후, 과로, 바이러스, 휴식이 필요하다는 것 등에 돌린다.

2. 병이라는 것 자체를 부정한다.

18. 하루 동안의 변화

오전 오후

0 0 없다

1 1 약간 있다

2 2 심하다

19. 이인화와 비현실감

0. 없다.

1. 약간 있다.

2. 중간정도 있다.

3. 심하게 있다.

4. 일을 할 수 없다.

20. 망상적 증상

0. 없다.

1. 의심한다.

2. 관계 망상

3. 관계망상과 피해망상

21. 강박적 증상

0. 없다.

1. 약간 있다.

2. 심하다.

22. 무력감

0. 없다.

1. 단지 질문 시에 유발되는 주관적인 감정이었다.

2. 환자는 자발적으로 자신의 무력감을 이야기 한다.

3. 병동의 잔일이나 개인적 위생을 위해서 재촉하고, 지도하고 안심시키는 것이 요구된다.

23. 절망감

0. 없다.

1. 때때로 모든 것이 잘 되리라는 것에 대해 의심하지만 다시 안심이 된다.

2. 지속적으로 절망감을 느끼지만 안심시켜주는 것을 받아들인다.

3. 낙담, 절망, 미래에 대한 비관론을 표현하며 결코 없앨 수 없다.

4. 자발적으로 비적절하게 "나는 결코 잘되지 않을 것이다" 혹은 그와 유사한 말을 한다.

24. 무가치감

0. 없다.

1. 단지 질문 받을 때만 무가치감(자존심의 결여)을 나타냄.

2. 자발적으로 무가치감(자존심의 결여)을 나타냄.

3. 2와는 정도가 다르다. 환자는 자발적으로 "좋지 않다" "열등감이 있다"라고 말한다.

4. 무가치감에 대한 망상적 개념 즉 "나는 쓰레기 같다"혹은 그와 유사한 말을 한다.

역기능 사고 및 태도 검사척도표
(Dysfunctional Attitude Scale)

다음 사항을 읽고 가장 적합하다고 생각하는 항목에 체크해 주십시오.

1. 사람은 외모, 지성, 재물 및 창조력이 모두 갖춰지지 않는 한 행복할 수 없다.
   _____ 전적으로 동의한다.
   _____ 대체로 동의한다.
   _____ 약간 동의한다.
   _____ 모르겠다.
   _____ 약간은 동의하지 않는다.
   _____ 대체로 동의하지 않는다.
   _____ 전혀 동의하지 않는다.

2. 행복은 다른 사람이 나에 대해 느끼는 것보다 내가 나 자신을 보는 태도에 달려 있다.
   _____ 전적으로 동의한다.
   _____ 대체로 동의한다.
   _____ 약간은 동의한다.
   _____ 모르겠다.
   _____ 약간은 동의하지 않는다.
   _____ 대체로 동의하지 않는다.
   _____ 전혀 동의하지 않는다.

3. 사람들은 내가 실수할 때 나에 대한 평가를 낮출 것이다.

_____ 전적으로 동의한다.

_____ 대체로 동의한다.

_____ 약간은 동의한다.

_____ 모르겠다.

_____ 약간 동의하지 않는다.

_____ 대체로 동의하지 않는다.

_____ 전혀 동의하지 않는다.

4. 만약 내가 항상 잘하지 않으면, 사람들은 나를 존경하지 않을 것이다.

_____ 전적으로 동의한다.

_____ 대체로 동의한다.

_____ 약간은 동의한다.

_____ 모르겠다.

_____ 약간은 동의하지 않는다.

_____ 대체로 동의하지 않는다.

_____ 전혀 동의하지 않는다.

5. 손실은 재앙과 같은 것이므로 비록 작은 모험일지라도 어리석은 일이다.

_____ 전적으로 동의한다.

_____ 대체로 동의한다.

_____ 약간은 동의한다.

_____ 모르겠다.

_____ 약간은 동의하지 않는다.

_____ 대체로 동의하지 않는다.

_____ 전혀 동의하지 않는다.

6. 특별한 재능이 없어도 다른 사람의 존경을 얻을 수 있다.

_____ 전적으로 동의한다.

_____ 대체로 동의한다.

　　　　_____ 약간은 동의한다.

　　　　_____ 모르겠다.

　　　　_____ 약간은 동의하지 않는다.

　　　　_____ 대체로 동의하지 않는다.

　　　　_____ 전혀 동의하지 않는다.

7. 대부분의 사람들이 나를 칭찬하지 않는 한, 나는 행복할 수 없다.

　　　　_____ 전적으로 동의한다.

　　　　_____ 대체로 동의한다.

　　　　_____ 약간은 동의한다.

　　　　_____ 모르겠다.

　　　　_____ 약간은 동의하지 않는다.

　　　　_____ 대체로 동의하지 않는다.

　　　　_____ 전혀 동의하지 않는다.

8. 만약 어떤 사람이 도움을 청한다면, 그것은 그 사람이 허약하다
는 증거이다.

　　　　_____ 전적으로 동의한다.

　　　　_____ 대체로 동의한다.

　　　　_____ 약간은 동의한다.

　　　　_____ 모르겠다.

　　　　_____ 약간은 동의하지 않는다.

　　　　_____ 대체로 동의하지 않는다.

　　　　_____ 전혀 동의하지 않는다.

9. 만약 내가 다른 사람같이 잘하지 못한다면, 나는 열등한 사람일
것이다.

　　　　_____ 전적으로 동의한다.

　　　　_____ 대체로 동의한다.

　　　　_____ 약간은 동의한다.

　　　　_____ 모르겠다.

_____ 약간은 동의하지 않는다.

_____ 대체로 동의하지 않는다.

_____ 전혀 동의하지 않는다.

10. 만약 내 일에 성공하지 못한다면, 나는 인간으로서 실패자이다.

_____ 전적으로 동의한다.

_____ 대체로 동의한다.

_____ 약간은 동의한다.

_____ 모르겠다.

_____ 약간은 동의하지 않는다.

_____ 대체로 동의하지 않는다.

_____ 전혀 동의하지 않는다.

11. 만약 내가 어떤 일을 잘하지 못한다면, 다른 모든 일에서도 잘
하지 못할 것이다.

_____ 전적으로 동의한다.

_____ 대체로 동의한다.

_____ 약간은 동의한다.

_____ 모르겠다.

_____ 약간은 동의하지 않는다.

_____ 대체로 동의하지 않는다.

_____ 전혀 동의하지 않는다.

12. 실수도 유익할 수 있다. 왜냐하면, 실수로부터 교훈이 있기 때문
이다.

_____ 전적으로 동의한다.

_____ 대체로 동의한다.

_____ 약간은 동의한다.

_____ 모르겠다.

_____ 약간은 동의하지 않는다.

_____ 대체로 동의하지 않는다.

_____ 전혀 동의하지 않는다.

13. 만약 어떤 사람이 나에게 동의하지 않는다면, 아마 그는 나를 싫어하고 있을 것이다.

_____ 전적으로 동의한다.

_____ 대체로 동의한다.

_____ 약간은 동의한다.

_____ 모르겠다.

_____ 약간은 동의하지 않는다.

_____ 대체로 동의하지 않는다.

_____ 전혀 동의하지 않는다.

14. 부분적으로 실패하는 것은 완전히 실패하는 것과 같은 것이다.

_____ 전적으로 동의한다.

_____ 대체로 동의한다.

_____ 약간은 동의한다.

_____ 모르겠다.

_____ 약간은 동의하지 않는다.

_____ 대체로 동의하지 않는다.

_____ 전혀 동의하지 않는다.

15. 만약 당신이 정말로 원하는 것을 남들이 안다면, 그들은 당신을 낮춰볼 것이다.

_____ 전적으로 동의한다.

_____ 대체로 동의한다.

_____ 약간은 동의한다.

_____ 모르겠다.

_____ 약간은 동의하지 않는다.

_____ 대체로 동의하지 않는다.

_____ 전혀 동의하지 않는다.

16. 만약 내가 사랑하는 사람이 나를 사랑하지 않는다면, 나는 아무

것도 아니다.

_____ 전적으로 동의한다.

_____ 대체로 동의한다.

_____ 약간은 동의한다.

_____ 모르겠다.

_____ 약간은 동의하지 않는다.

_____ 대체로 동의하지 않는다.

_____ 전혀 동의하지 않는다.

17 결과에 상관없이 사람은 활동자체에서 즐거움을 얻을 수 있다.

_____ 전적으로 동의한다.

_____ 대체로 동의한다.

_____ 약간은 동의한다.

_____ 모르겠다.

_____ 약간은 동의하지 않는다.

_____ 대체로 동의하지 않는다.

_____ 전혀 동의하지 않는다.

18. 사람은 어떤 일을 하기에 앞서 먼저 성공할 가능성을 타진해야 한다.

_____ 전적으로 동의한다.

_____ 대체로 동의한다.

_____ 약간은 동의한다.

_____ 모르겠다.

_____ 약간은 동의하지 않는다.

_____ 대체로 동의하지 않는다.

_____ 전혀 동의하지 않는다.

19. 나의 가치는 다른 사람이 나에 대해 생각하는 것에 상당히 의존 한다.

_____ 전적으로 동의한다.

_____ 대체로 동의한다.

_____ 약간은 동의한다.

_____ 모르겠다.

_____ 약간은 동의하지 않는다.

_____ 대체로 동의하지 않는다.

_____ 전혀 동의하지 않는다.

20. 만약 내가 나 자신에 대해 최고의 가치기준을 정하지 않는다면, 나는 이등인간일 것이다.

_____ 전적으로 동의한다.

_____ 대체로 동의한다.

_____ 약간은 동의한다.

_____ 모르겠다.

_____ 약간은 동의하지 않는다.

_____ 대체로 동의하지 않는다.

_____ 전혀 동의하지 않는다.

21. 만약 내가 가치있는 인간이라면, 적어도 한 면에서는 탁월한 재능을 보여야 한다.

_____ 전적으로 동의한다.

_____ 대체로 동의한다.

_____ 약간은 동의한다.

_____ 모르겠다.

_____ 약간은 동의하지 않는다.

_____ 대체로 동의하지 않는다.

_____ 전혀 동의하지 않는다.

22. 좋은 아이디어를 가지고 있는 사람은 그렇지 않은 사람보다 월등하다.

_____ 전적으로 동의한다.

_____ 대체로 동의한다.

_____ 약간은 동의한다.

_____ 모르겠다.

_____ 약간은 동의하지 않는다.

_____ 대체로 동의하지 않는다.

_____ 전혀 동의하지 않는다.

23. 만약 내가 실수를 한다면, 나는 실패감을 느껴야 한다.

_____ 전적으로 동의한다.

_____ 대체로 동의한다.

_____ 약간은 동의한다.

_____ 모르겠다.

_____ 약간은 동의하지 않는다.

_____ 대체로 동의하지 않는다.

_____ 전혀 동의하지 않는다.

24. 다른 사람이 나에 대한 의견보다 나 자신에 대한 나의 의견이
    더 중요하다.

_____ 전적으로 동의한다.

_____ 대체로 동의한다.

_____ 약간은 동의한다.

_____ 모르겠다.

_____ 약간은 동의하지 않는다.

_____ 대체로 동의하지 않는다.

_____ 전혀 동의하지 않는다.

25. 선하고, 도덕적이고, 가치있는 사람이 되기 위해, 나는 모든 사
    람을 도와야 한다.

_____ 전적으로 동의한다.

_____ 대체로 동의한다.

_____ 약간은 동의한다.

_____ 모르겠다.

_____ 약간은 동의하지 않는다.

_____ 대체로 동의하지 않는다.

_____ 전혀 동의하지 않는다.

26. 만약 내가 질문을 한다면, 나는 열등한 사람으로 보일 것이다.

_____ 전적으로 동의한다.

_____ 대체로 동의한다.

_____ 약간은 동의한다.

_____ 모르겠다.

_____ 약간은 동의하지 않는다.

_____ 대체로 동의하지 않는다.

_____ 전혀 동의하지 않는다.

27. 당신에게 중요한 사람들이 당신에 대해 찬동하지 않는다면, 그
    것은 불행한 일이다.

_____ 전적으로 동의한다.

_____ 대체로 동의한다.

_____ 약간은 동의한다.

_____ 모르겠다.

_____ 약간은 동의하지 않는다.

_____ 대체로 동의하지 않는다.

_____ 전혀 동의하지 않는다.

28. 만약 다른 사람이 당신에게 의존하지 않는다면, 당신은 슬퍼해
    야 한다.

_____ 전적으로 동의한다.

_____ 대체로 동의한다.

_____ 약간은 동의한다.

_____ 모르겠다.

_____ 약간은 동의하지 않는다.

_____ 대체로 동의하지 않는다.

_____ 전혀 동의하지 않는다.

29. 나 자신을 노예같이 채찍질하지 않아도 중요한 목표에 도달할 수 있다.

_____ 전적으로 동의한다.

_____ 대체로 동의한다.

_____ 약간은 동의한다.

_____ 모르겠다.

_____ 약간은 동의하지 않는다.

_____ 대체로 동의하지 않는다.

_____ 전혀 동의하지 않는다.

30. 비난받는 사람도 불행하지 않을 수 있다.

_____ 전적으로 동의한다.

_____ 대체로 동의한다.

_____ 약간은 동의한다.

_____ 모르겠다.

_____ 약간은 동의하지 않는다.

_____ 대체로 동의하지 않는다.

_____ 전혀 동의하지 않는다.

31. 나는 다른 사람을 믿을 수 없다. 왜냐하면 그들은 내게 몰인정할 수 있기 때문이다.

_____ 전적으로 동의한다.

_____ 대체로 동의한다.

_____ 약간은 동의한다.

_____ 모르겠다.

_____ 약간은 동의하지 않는다.

_____ 대체로 동의하지 않는다.

_____ 전혀 동의하지 않는다.

32. 만약 다른 사람들이 당신을 싫어한다면, 당신은 행복할 수 없다.

_____ 전적으로 동의한다.

_____ 대체로 동의한다.

_____ 약간은 동의한다.

_____ 모르겠다.

_____ 약간은 동의하지 않는다.

_____ 대체로 동의하지 않는다.

_____ 전혀 동의하지 않는다.

33. 다른 사람을 즐겁게 하기 위해서는 당신의 즐거움을 포기하는 것이 최선이다.

_____ 전적으로 동의한다.

_____ 대체로 동의한다.

_____ 약간은 동의한다.

_____ 모르겠다.

_____ 약간은 동의하지 않는다.

_____ 대체로 동의하지 않는다.

_____ 전혀 동의하지 않는다.

34. 나의 행복은 나 자신보다는 다른 사람들에 의해 더 영향을 받는다.

_____ 전적으로 동의한다.

_____ 대체로 동의한다.

_____ 약간은 동의한다.

_____ 모르겠다.

_____ 약간은 동의하지 않는다.

_____ 대체로 동의하지 않는다.

_____ 전혀 동의하지 않는다.

35. 나는 행복하기 위해 다른 사람의 동의를 필요로 하지는 않는다.

_____ 전적으로 동의한다.

_____ 대체로 동의한다.

_____ 약간은 동의한다.

_____ 모르겠다.

_____ 약간은 동의하지 않는다.

_____ 대체로 동의하지 않는다.

_____ 전혀 동의하지 않는다.

36. 만약 어려움을 회피한다면, 그 어려움은 사라질 것이다.

_____ 전적으로 동의한다.

_____ 대체로 동의한다.

_____ 약간은 동의한다.

_____ 모르겠다.

_____ 약간은 동의하지 않는다.

_____ 대체로 동의하지 않는다.

_____ 전혀 동의하지 않는다.

37. 만약 인생에서 많은 좋은 일들을 놓친다 할지라도, 나는 행복할 수 있다.

_____ 전적으로 동의한다.

_____ 대체로 동의한다.

_____ 약간은 동의한다.

_____ 모르겠다.

_____ 약간은 동의하지 않는다.

_____ 대체로 동의하지 않는다.

_____ 전혀 동의하지 않는다.

38. 다른 사람이 나에 대해 생각하는 것이 중요하다.

_____ 전적으로 동의한다.

_____ 대체로 동의한다.

_____ 약간은 동의한다.

_____ 모르겠다.

_____ 약간은 동의하지 않는다.

_____ 대체로 동의하지 않는다.

_____ 전혀 동의하지 않는다.

39. 다른 사람들로부터 소외당하는 것은 곧 불행해지는 것이다.

_____ 전적으로 동의한다.

_____ 대체로 동의한다.

_____ 약간은 동의한다.

_____ 모르겠다.

_____ 약간은 동의하지 않는다.

_____ 대체로 동의하지 않는다.

_____ 전혀 동의하지 않는다.

40. 나는 다른 사람으로부터 사랑받지 않아도 행복을 느낄 수 있다.

_____ 전적으로 동의한다.

_____ 대체로 동의한다.

_____ 약간은 동의한다.

_____ 모르겠다.

_____ 약간은 동의하지 않는다.

_____ 대체로 동의하지 않는다.

_____ 전혀 동의하지 않는다.

독서자료 목록

〈시집〉

1. 예반 저. 남주 역. 누군가에게 무엇이 되어. 서울: 대흥출판사, 1996.

   삶에 대한 저자의 느낌과 생각을 엮고 있다. 누군가에게 의미 있는 사람이 되고 싶고 또한 누군가를 나의 의미로 삼고 싶은 인간의 본질적인 갈망을 그리고 있으며, 아름답게 자신의 인생을 가꾸려는 저자의 진지한 소망이 담겨 있다. 만남과 이별에 대한 깊은 성찰과 사려가 담겨 있다.

2. 천상병 저. 아름다운 이 세상 소풍 끝내는 날. 서울: 미래사, 1991.

   무욕과 무념의 시심에 중심을 두고, 맑고 투명하게 사물을 인식하여 담백하게 묘사하고 있다. 시의 특징으로서, 저자는 죽음의 관점에서 생을 말하지만 결국 생존의 현장으로 돌아오는 현실감각이다. 허무주의나 슬픔에 빠지지 않는 죽음을 서정적으로 표현하고 있다. (불교 서)

3. 김현옥 저. 제가 마음에 드신다면. 서울: 바오로 딸, 1994.

   가톨릭 서적으로서 매일의 삶 속에서 느끼는 감사와 회개, 믿음, 소망, 사랑에 대한 사려 깊은 기도문들이 평이한 문체로 진솔하게 표현되어 있다. 활자가 크고 선명하여 노인들이 읽기에 적합하다. (가톨릭 서)

〈수필〉

4. 박삼중 저. 스님 굴비맛보셨습니까. 서울: 산미디어, 1997.
   스님의 수필 37편을 모아 편집한 도서이다. 재소자를 위해 헌신
   하고 있는 스님이 겪은 세상살이와 종교인으로서의 어려움, 삶
   의 지혜를 일깨우는 잔잔한 감동이 배어나는 글들을 엮었다.

5. 이창훈 저. 사랑하는 사람에게 주고 싶은 책. 서울: 오늘의 책,
   1997.
   삶과 사랑을 주제로 하고 있다. 인생에서 우리를 사로잡고 있는
   것들에 대해 그 의미를 재조명하고, 삶의 올바른 자세와 사랑에
   대해 차분한 마음으로 깊이 있게 생각하게 하는 책.

6. 스콧데 저. 고성미 역. 세상에서 가장 따듯한 조언. 서울: 창해,
   1997.
   저자는 정신과 의사로서, 종교적이지 않으면서 전통심리학과 종
   교적 관점의 절묘한 결합을 통해 참자아를 찾고 인생의 의미를
   생각하며, 삶의 지혜들을 설명한다. 정신요법에 참사랑보다 효
   과 있는 방법은 없다는 것을 강조하고 있다.

7. 지병루 저. 인생의 반은 만나는 거래, 나머지 반은 헤어지는 거
   래. 서울: 고려문화사, 1996.
   저자는 인생을 만남과 이별의 과정으로 보고 언어, 음식, 계절,
   친구, 사랑, 결혼 등을 만남으로, 가난, 질병, 분실, 퇴직, 죽음,
   망각, 이혼 등을 헤어짐으로 이야기한다. 각 주제들을 심각하지
   않고 긍정적인 관점으로 해학적으로 표현하고 있다.

8. 폴투르니에 저. 한준석 역. 인생의 네 계절. 서울: 종로서적, 1980.
   저자는 스위스의 내과의사로서 인생의 여정을 봄, 여름, 가을,

겨울로 묘사하여 계절에 따른 인생의 의미와 희노애락을 설명하
고 있다.

(기독교 서)

〈만화〉

9. 트위스키 저. 최한림 역. **좋은 것부터 시작하자**. 서울: 미래사,
   1997.

   정신과 의사가 창작한 만화와 수필로 구성되어 있다. 사상과 철
   학, 심리학적 지혜를 몇 개의 만화구조 속에 집약시켰다. 의사
   보다는 환자로부터 나오는 통찰력의 효력이 더 크다는 이론 하
   에서 만화주인공은 어떤 해석도 내려주지 않고 해석은 독자에게
   맡긴다. 자아개념, 현실감, 자존심, 걱정, 우울, 긍정적 행동, 처
   세술에 관한 문제들이 제기된다.

〈自助書〉

10. 원동연 저. **DY 건강법**. 대전: 대덕교육출판, 1995.

    저자는 건강을 유지하는 데에 기본적이며 필수적인 요소들을 열
    거한다. 간결하고 명료한 문체로 건강관리를 위한 5가지 운동과
    정신건강을 위한 호흡법 및 체조법을 소개하였다. 무리 없고 손
    쉬운 운동들로 특히 노인들에게 적합한 방법이다.

11. 이상일 저. **치매! 빨리 알면 쉬워요**. 서울: 동학사, 1997.

    의사로서 노인들에게 큰 관심이 되는 치매의 예방과 치료에 대해
    상세히 설명한다. 또한 전국의 치매클리닉 설치병원, 노인복지 유
    관시설, 노인리조텔 및 유료양로원 현황들이 수록되어 있다.

12. 에르링 루드 저. 박성호 역. **노년을 풍성하게 하시는 하나님**.
    서울: 아가페, 1995.

노인들을 위한 실버가이드로서 노년기에 겪을 수 있을 정신적
갈등과 문제들을 믿음으로 해결하고 마음의 평안을 유지할 수
있도록 해준다. 활자가 크고 선명하여 노인들이 읽기에 적합하
게 제작되어 있다.
(기독교 서)

13. 인도주의실천사협의회. 꼭 알아야 할 건강상식 **105**. 서울: 한
    울, 1996.
    생활주변의 건강문제를 증상이나 병에 따라 분류하고 건강상식
    105가지를 조목조목 알기 쉽게 설명했다. 가정에서 실천할 수 있
    는 간단한 예방법과 전문의들의 처방전을 사례중심으로 수록했다.

〈소설〉

14. 박 완서 저. **한 말씀만 하소서**. 서울: 솔 출판사, 1994.
    작가의 참척의 일기이다. 이순의 나이에 아들을 잃은 깊은 슬픔
    과 그리움을 적고 있다. 처절한 고통을 거의 본능적으로 겪어
    가는 과정에서 독자들은 자신의 슬픔과 恨을 같이 만날 수 있
    다. 작가의 恨을 독자들의 것으로 자기화하며 같이 극복해 나가
    는 승화가 이루어질 수 있다.

15. 안 도현 저. **연 어**. 서울: 문학동네, 1996.
    어른들을 위한 소설 같은 동화이면서 동화 같은 소설이다. 자연
    과 인간이 감동적으로 만나는 이야기로 삶의 본질과 맑은 심성
    에 대한 진지한 사색이 담겨 있다.

16. 이청준 저. **놀부는 선생이 많다**. 서울: 파랑새, 1996.
    테마가 있는 판소리 소설이다. ‘흥부전’의 주인공 흥부와 놀부
    의 상반된 심성을 통해 선과 악이 합해지고 보태진 것이 진정

한 인간의 모습임을 피력한 이야기이다.

17. 이청준 저. 흰 옷. 서울: 열림원, 1994.
일제시대와 해방, 6.25동란을 시대적 배경으로 시골마을의 초등
학교 선생과 학생들을 둘러싼 삶의 비극적 이야기들을 소재로
하였다. 이제 노인이 되어버린 아버지의 회상을 통해 인고의 삶
을 의연히 살아온 사람들의 모습을 보여주고 있다.

18. 헤르만 헤세 저. 이영재 역. 들꽃. 서울: 박우사, 1996.
헤르만 헤세의 단편소설을 모아 놓은 모음집이다. 생활주변에서
흔히 일어날 수 있는 이야기들로 유익함과 재미가 함축되어 있다.

〈기타〉
19. 이 숙녀 저. 한 알의 밀이 땅에 떨어져. 서울: 임마누엘, 1996.
4형제를 세계적인 목사로 키운 이숙녀 전도사의 일대기이다. 저
자의 일생은 한국 근대사의 소용돌이 속에서 무수한 시련의 고
비를 몇 번이나 경험하면서 한 알의 밀알이 되고자 한 일생의
체험이 담겨 있다.
(기독교 서)

20. 잭캔필드 저. 류시화 역. 마음을 열어주는 101가지 이야기. 서울:
이레, 1996.
더 많이 사랑하고, 더 많은 열정을 갖고 살아가도록 희망과 용
기를 불어넣는 101편의 이야기 집이다. 좌절과 실패의 시기에
힘이 되어주고, 고독하고 외로울 때 위로가 되어주는 내용으로
구성되어 있다.

《중앙대학교. 1998. 2 박사학위논문》

• 鄭馺謨敎授指導 博士學位 論文 12 •

老人의 憂鬱症 解消를 위한
讀書療法硏究

※ 초판인쇄	2005년 1월 10일
※ 초판발행	2005년 1월 15일
※ 지 은 이	유혜숙
※ 펴 낸 이	채종준
※ 펴 낸 곳	한국학술정보(주)
	경기도 파주시 교하읍 문발리 파주출판정보산업단지 526-2
	전화 031) 908-3181(대표)·팩스 031) 908-3189
	홈페이지 http://www.kstudy.com
	e-mail (e-Book 사업부) ebook@ kstudy.com
※ 등 록	제일산-115호(2000. 6. 19)
※ 가 격	18,000원

ISBN   89-534-2224-8 94020   (Paper book)
        89-534-2225-6 98020   (e-book)
        89-534-2200-0 94020   (Paper set)
        89-534-2201-9 98020   (e-book set)